눈치로 알 수 있는 세계

마이크 파하르도 지음
최유정 옮김

킨디리

차례

어릴 적부터 저는 항상 이 문제에 관심이 있었어요.

'누가 나에 대해 어떻게 생각을 하는지 소리 내어 말하지 않아도 내가 그 생각을 알 수 있을까?'

평범한 일상 속에서 다른 사람의 속마음을 아는 건 쉽지 않아요. 하지만 그걸 굉장히 알고 싶죠.

예를 들어, 방금 만난 그 남자애는 내가 마음에 드는 걸까? 수업 시간에 나를 흘깃거리는 그 여자애는 나를 좋아하는 걸까? 여기에 모인 사람들은 내 이야기에 귀 기울이고 있는 걸까, 아니면 내가 귀찮게 굴어서 어떻게 반응해야 할지 모르고 있는 걸까? 하는 것들이요.

그런데 잠깐만요, 제가 지금 다른 사람의 마음을 **알 수 없다**고 말했나요? 제 말은, **알 수 있다**는 거예요.

물론 그 방법을 안다면 말이죠.

말이 아니더라도 당신에게 제공되는 정보들은 아주 많아요. 누군가 당신을 쳐다보는 방식이라던가, 말할 때 취하는 몸짓, 친구들 사이에서 누가 어떤 위치를 차지하고 있는지에 이르기까지, 다른 사람들이 당신에 대해 어떻게 느끼고 생각하는지 알려 주는 실마리가 많다는 이야기입니다.

굉장히 놀라운 일이죠. 그런데 사람들은 자신이 그렇게 하고 있다는 사실조차 잘 모르고 있죠!

누군가에게 관심이 생겼을 때, 그 사람의 하루하루를 주의 깊게 관찰하는 것만으로 좋아하는 감정이 더 커질 수 있다는 건 참 신기한 일입니다.

물론 **스토커**가 되지 않는 선이어야 하니 주의하세요. 제 말은 상대가 우리에게 무엇을 보여 주는지 신경써서 보라는 것일 뿐, 그 이상은 아닙니다!

당신의 주변 사람이 아니라 틱톡이나 유튜브 동영상을 보면서도 우리는 사람들의 다양한 면모와 성향을 눈치챌 수 있습니다. 그들이 카메라 앞에서 어떻게 행동하고 의사소통하는지 살펴보는 것만으로도 많은 것을 파악할 수 있어요. 심지어 한 장의 사진도 자세히 들여다보면 언뜻 봐서는 깨닫지 못하는 것들을 알 수 있어요!

이 책에서 저는 여러분과 함께 말이 아닌 방식으로 의사소통하는 세계로 들어가 볼 겁니다. 표정, 몸짓, 자세 등을 눈여겨보는 것으로 상대가 우리를 어떻게 생각하는지 알아내는 방법을 배워 볼 거예요.

어쩌면 지금 당신은 제가 어떻게 이런 지식을 습득했는지 무척 궁금해하고 있을 것입니다.

글쎄요, 다양한 경험을 통해 배워 왔다고 말해 두죠.

어렸을 때 저는 저보다 한 살 많은 여자애를 많이 좋아했어요. 몇 번인가 대화를 나누긴 했지만 "꼬맹이"였던 제가 그 애가 사귈 가능성이 있는 건지, 그저 헛된 꿈을 꾸는 건지 도무지 알 수 없었어요.

그러다가 여름 캠프에 갔는데, 한 친구가 저에게 귓속말로 그러는 겁니다.

"쟤가 너를 어떤 눈빛으로 쳐다보는지 알아?"

사실 그전까지는 그 애의 눈빛이 무엇을 의미하는지 전혀 몰랐어요. 그런데 친구의 말을 들은 순간부터 신경을 쓰기 시작했어요. 모두 함께 모여 있을 때 그 애가 저를 쳐다보는지, 우리가 대화하는 중이 아니더라도 그 애의 몸이 제 쪽을 향해 있는지 등등.

이런 사소해 보이는 것들을 살피려고 노력하니까, 그 애가 저한테 관심 있는 것처럼 보이는 행동들을 하나씩 눈치챌 수 있었어요.

캠프 막바지에 열린 쫑파티에서 저는 용기를 내어 그 애에게 함께 춤추자고 청했습니다. 그 애의 몸짓을 주의 깊게 살피고 거기에 관심을 집중한 덕분에 그 밤이 지나기 전…… 우리는 키스를 했습니다! 그렇게 하나의 일이 다른 하나의 일로 이어졌어요.

제가 당신에게 알려 주고 싶은 건 바로 이런 거예요. 다른 사람이 무엇을 하는지, 의식적으로 혹은 무의식적으로 어떻게 행동하는지 주의를 기울이면, 그 사람을 훨씬 더 잘 알 수 있게 된다는 것입니다.

그러면 당신이 끌리는 사람에게 훨씬 더 자신감 있게 다가갈 수 있어요. 그래도 되는지, 안 되는지를 이미 알고 있기 때문이죠.

당신은 편안하고 신뢰할 수 있는 분위기를 만들 수 있고, 그 사람의 마음을 완전히 사로잡을 수도 있어요!

당신이 하는 행동이 곧 당신입니다!

01

말없이 대화를 한다고?

○○○

친구나 호감이 있는 사람에게 SNS 메시지를 보냈는데 완전히 오해받은 적 없나요? 당신이 메세지를 통해 말하고 싶은 내용과 상대방이 이해한 내용이 서로 다를 수 있다는 사실을 알아야 해요.

당신은 간단한 질문을 하려던 것인데 어떤 이유에서인지 친구는 당신이 상처받았다거나 화가 났다고 생각할 수도 있어요. 당신이 좋아하는 사람이 진심 어린 당신의 댓글을 인신공격으로 받아들일 수도 있어요.

누구나 한 번쯤 이런 경험을 한 적이 있을 겁니다.

이런 오해가 생기는 건 상대방이 당신의 말을 잘못 해석했기 때문인데요, 그건 모든 언어에서, 모든 단어마다 발생할 수 있는 일이에요. 수많은 해석이 가능하니까요.

이런 상황은 우리에게 말이 아닌 의사소통이 얼마나 중요한지를 알려 줍니다.

언어가 아닌 다른 방식의 의사소통은 상대방이 하는 말의 의미를 깨닫게 하고, 상대의 말을 어떻게 이해할지 알려 주는 단서를 제공합니다. 우리가 보내고 싶은 메시지가 오해 없이 올바르게 전달되도록 도와주죠.

표정을 예로 들어 보겠습니다. 우리가 지을 수 있는 표정은 수백만 가지나 있어요!

표정은 말하는 사람의 의도를 알려 줍니다. 화가 났는지, 행복한지, 농담하는지, 부끄러운지, 심지어 당신을 좋아하는지까지도 말이에요!

그러니까 상대방의 말을 듣는 것도 중요하지만 말할 때의 몸짓, 시선, 몸이 어디에 있는지를 이해하는 것도 아주 중요합니다. 이런 부분을 놓치는 건 영화를 볼 때 화면을 보지 않는 것과 같아요.

의식적이든, 그렇지 않든, 말이 아닌 언어는 의사소통에 있어 필수적인 부분이에요. 이 점을 생각하지 않으면 상대방이 보내는 메시지의 절반을 놓치는 셈입니다.

누군가와 의사소통을 할 때
상대가 당신에게 전달하려는 것과
당신이 상대에게 전달하려는 것을
완벽하게 이해한다면,
원하는 것을 훨씬 더 쉽게 얻어 낼 수 있어요.
상대가 당신을 좋아하게 만들거나,
편하게 여기도록 만들거나,
당신이 부탁하려는 것을
더 잘 받아들이게 할 수 있습니다.

먼저 상대에게 다가서는 방법, 즉 '대화 속으로 들어가는 법'을 알아야 합니다. 이를 위해서는 대화를 둘러싼 모든 것을 주의 깊게 관찰하고 분석하는 과정이 필요해요.

예를 하나 들어 볼게요. 방금 친구가 자기 집에서 같이 놀자고 연락이 왔는데, 부모님이 가도 좋다고 허락해 주시면 좋겠다고 상상해 보자고요.

첫 번째 단계는 부모님께 이 상황을 말씀드리는 것입니다. 부모님이 어떤 표정을 짓고 어떤 몸짓을 보이는지에 따라 당신은 이미 답을 알 수 있을 거예요. 그분들이 말 한마디도 하기 전에 말이죠.

부모님이 "안 돼!"라고 대답할 것임을 눈치챘다고 가정해 봅시다. 그건 최근에 성적이 떨어져서일 수도 있고, 지난 주말에 이미 그 친구와 놀았다거나, 이번 주말에는 부모님의 일을 도와줬으면 해서일 수도 있어요.

그렇더라도 당신은 일단 시도합니다. "안 돼."라는 예상 답변을 가지고 있는 상태에서 말이죠.

자, 이제 부모님의 표정은 어떤가요? 대답할 때 말투는 어떤가요? 만약 부모님이 고민하는 것 같거나, 당신이 친구 집에 가지 말아야 하는 이유를 논리적으로 제시하려 애쓴다면, 오히려 허락을 얻기가 쉬워요. 부모님의 요구에 맞추어 대화를 이어 가면 됩니다. 지난 주말에도 친구 집에 다녀왔지만 아무 말썽도 일으키지 않았고, 그 이후로 일주일 내내 설거지를 했으니 이번에도 똑같이 할 수 있지 않을까요? 운이 좋으면 그럴 수 있을 거예요.

그런데 애초에 부모님의 대답이 강경하고 단호하다면, 게다가 당신의 성적 문제로 화가 머리끝까지 나 있는 표정이라면, 글쎄요. 당신이 할 수 있는 건 별로 없을 것 같네요.

이 과정이 어려워 보이지는 않았죠?

사실 당신은 이미 이런 내용을 알고 있을 것입니다. 말이 아닌 방식으로 의사소통하는 능력은 대부분 타고난 것이기 때문이에요. 타고난 것 외에는 학습이나 모방을 통해 알게 되죠.

말이 아닌 방식으로 의사소통하는 방법을 올바르게 배우려면, 가르침이 필요해요. 우리가 따를 수 있는 사회적 모델이 어릴 적부터 있어야 하고, 의사소통에서 말이 아닌 부분을 인식하고 그것을 효과적으로 따라 할 수 있어야 해요.

이 모든 것을 자연스럽게 잘하는 사람도 있고 잘하지 못하는 사람도 있지만, 근육과 마찬가지로 단련해서 얻을 수 있다는 사실을 명심하면 좋겠어요.

만약 말이 아닌 의사소통을 제대로 해내지 못하면, 당신의 의도가 정반대로 전달될 수 있어요.

친절한 의도로 한 행동이 잘못 전달되면 사람들은 당신을 이상하게 볼 것이고, 당신은 자신감을 잃게 될 거예요.

친구를 사귀고 싶고, 우정을 쌓고 싶은데 사람들이 당신의 노력에 응답하지 않으면 매우 실망스럽고 불안해질 수밖에 없습니다.

이런 상황은 인간에게만 발생하는 일은 아니랍니다. 말이 아닌 언어는 매우 동물적인 행동이거든요. 고양이들이 엉뚱한 짓을 하거나, 별다른 이유 없이 겁을 먹고 얼어붙거나, 괜스레 서로 그르렁대는 영상을 본 적 있죠?

고양이, 강아지 그리고 다른 많은 동물은 지배, 위협, 복종의 자세 등 고유의 신체 언어를 가지고 있습니다. 공작새가 꼬리를 활짝 펼치는 것과 같은 구애 및 짝짓기 의식, 수많은 영장류의 복잡한 위계 질서처럼 동물도 말이 아닌 방식으로 의사소통을 합니다.

우리 인간은 무엇을 할 수 있을까요? 말 없는 의사소통은 왜 필요할까요? 그것은 우리의 입장을 명확하게 전달하는 데 도움이 됩니다. 예를 들어 누군가를 만나거나 헤어질 때 손을 흔들면서 인사하잖아요? 이런 것처럼 언어가 아닌 의사소통은 말을 통해 전달하고자 하는 메시지를 대신하거나 강화하는 역할을 하죠. 이미 손을 흔들고 있다면 "안녕."이라고 굳이 말할 필요가 없어요. 그렇죠?

말이 아닌 방식으로 의사소통을 하면
당신이 느끼는 감정을 상대방에게 명확히 전달하고
상대방도 자신의 감정을
당신에게 전달할 수 있습니다.

우리는 말이 아닌 방식으로 즐거움, 관심, 실망, 불쾌, 슬픔, 기쁨 등의 감정을 보여 줄 수 있어요. 이러한 정보를 바탕으로 어떻게 대화를 끌어갈지 결정할 수 있습니다.

어떤 이야기가 더 나을지, 상대방을 지루하게 만들고 있는 거라면 주제를 바꿀지 아니면 계속 같은 주제로 이야기할지, 내가 말하고자 하는 바를 상대방이 이해했을지 아니면 메시지를 더 강하게 전달할 필요가 있을지, 상대방이 나보다 걱정이 더 많을지도 모르니 내 문제를 줄여서 얘기하는 게 좋을지, 이런 것들을 판단하게 되는 것이죠.

말이 아닌 의사소통은 말과 동시에 일어나며, 우리에게 계속 정보를 제공합니다. 그러니 이런 것들을 놓치지 않도록 주의를 기울여야 합니다.

02

말없이 의사소통 하는 법

○○○

지금부터 소개하는 방법들은 당신이 하는 말이 사람들에게 잘 전달되고, 더 많은 관심을 받고, 사람들이 당신을 더 많이 좋아하게 만드는 데 도움을 줄 거예요.

물론 모든 사람에게 이 방법들이 똑같이 적용되지는 않을 거예요. 문화나 환경에 따라 적용되지 않을 수도 있어요.

그렇지만 대부분의 사람들, 특히 공식적인 자리에서는 이런 방법들이 꽤 잘 통한답니다.

1
항상 미소를 먼저!

　우리는 같은 영장류면서 사촌 뻘인 침팬지에 비해 나은 점이 있어요. 바로 미소 지을 수 있다는 거예요!

　물론 침팬지도 미소를 지어요. 그러나 그 미소는 인간의 미소와 같은 의미는 아닙니다. 그들의 미소는 당신을 공격할 것이고, 당신이 빨리 달아나야 한다는 것을 알리는 위협적인 신호입니다.

　반면 인간의 미소는 우리가 행복하다는 것을 나타내죠. 지금 보고 듣는 것을 좋아하고 있고 - 실제로는 그렇지 않더라도 - 편안함을 느끼고 있음을 전달합니다. 그래서 긴장하고 있다는 것을 드러내고 싶지 않을 때 오히려 미소를 짓는 경향이 있죠.

　미소는 대화의 주제를 제시하거나, 대화를 시작하거나, 누군가를 처음 만났을 때 '자기 소개서' 같은 역할을 합니다. 미소를 지으면 '거울 효과'가 일어나기 때문에 상대방은 자신이 처한 상황을 더 편안하게 느낄 거예요.

살인 본능을 지닌 침팬지처럼 미소 짓는 게 아니라면 미소는 건강하고 긍정적인 분위기를 만들어 줍니다.

하지만 억지스러운 가짜 웃음은 당신이 원하는 것과 정반대의 결과를 가져올 수 있어요. 모든 계획을 완전히 망칠 수도 있죠! (우리가 만나는 사람들이 악한 사람이 아니기를 기대해봅시다……)

2
표정이나 몸짓은 과장되지 않게

상황에 맞는 표현을 하는 것은 상당히 어려운 일입니다. 미묘하게 균형을 맞춰야 하거든요. 부족해도 눈에 띄고, 넘쳐도 눈에 띄는 게 사실입니다.

표정은 우리가 전달하고 싶은 내용을 상대방이 이해하게 하는 가장 훌륭한 도구입니다. 적절한 표정은 우리가 느끼는 감정과 그 이유를 전달해 공감을 불러일으킵니다.

우리가 하는 말은 표정과 함께 상대방에게 더 잘 전달되고 더 많은 감정을 전달합니다. 긍정적인 감정이라면 더욱 그렇습니다.

다만 표현이 너무 과하면 잘못된 인상을 줄 수 있다는 점을 잊어서는 안 돼요. 영화에서 배우들이 어떻게 연기하는지 생각해 보세요. 상대의 몸짓이 너무 과장되면 그 사람이 하는 말을 믿기 힘들죠.

생각하고 있다는 걸 드러내려고 과장된 몸짓으로 머리를 손으로 짚고 얼굴을 잔뜩 찌푸린 채 "음." 하고 말한다면 애니메이션 속 한 장면처럼 보일 겁니다. 전혀 진지해 보이지 않아요.

팔과 다리를 과장되게 비비 꼬면서 말하면, 상대방은 우리가 대화를 그만하고 싶거나, 추위를 많이 탄다고 생각할 겁니다.

3
감추는 것 없이 명확하게 드러내기

대중 앞에서 연설할 때는 대개 무대나 단상 위, 높고 확 트인 장소에서 합니다. 청중들은 다른 사람의 시야를 가리지 않도록 자리에 앉아서 연설을 듣죠. 그래야 발표자가 무슨 말을 하는지 모든 사람이 정확하게 이해할 수 있어요.

다른 사람들과 대화할 때도 마찬가지입니다. 상대방이 우리가 하는 이야기를 듣는 것만큼 우리를 제대로 보는 것이 중요해요. 얼굴은 가려지는 것 없이 또렷하게 드러나야 합니다. 시선을 차단하는 사물 또는 사람이 없어야 해요.

사실 이건 본능적인 문제예요. 양손을 보여 주고 어깨를 펴고 가슴을 열고 팔다리를 쭉 뻗을 때, 상대방에게 위협이 되지 않습니다. 공격할 무기를 숨기고 있지 않고, 스스로를 방어하고 있지 않다는 것을 보여줍니다. 이것이 바로 거리낌 없고 개방적인 자세가 필요한 이유입니다. 이렇게 해야 대화 상대가 우리를 믿을 수 있으니까요.

그렇다면 좋은 대화를 위한 이상적인 자세는 어떤 걸까요? 이 이야기는 뒤에 좀 더 자세히 할게요!

4
몸짓을 적절하게 활용하기

몸짓은 의사소통에 중요한 도구이며, 우리에게 큰 도움이 됩니다. 누군가에게 무언가를 설명할 때 적절한 몸짓을 하면, 원하는 방향으로 관심을 끌 수 있어요. 상대방이 더 쉽게 우리가 말하고자 하는 내용을 이해할 수 있죠.

종종 우리는 자연스럽게 몸짓을 하지만, 가끔 그것이 얼마나 중요한지 잊어버리기도 해요. 예를 들어, 누군가에게 길을 안내할 때 팔과 손을 이용해서 가야 할 방향을 알려 줍니다. 또는 쇼핑 목록에 있는 물건들을 하나하나 셀 때 손가락을 사용하기도 합니다. 말을 하면서 몸짓을 하면 그만큼 주의가 더 집중되니까요.

5
반복적인 행동을 조심하기

특정 동작을 반복하면, 초조해한다거나 주의를 기울이고 있지 않다는 인상을 줍니다.

예를 들어, 불안한 마음에 계속 다리를 떨며 발로 바닥을 치는 경우를 생각해 보세요. 이런 행동은 상대방까지 긴장하게 만들 수 있고, 상대가 당신의 말보다 발에 더 집중할 수도 있습니다. 다리를 떨지 말라는 요청을 하려고 당신의 말을 가로막을 수도 있죠.

이런 식으로 해석될 수 있는 동작은 꽤 많은데, 계속 안경을 고쳐 쓴다거나, 머리카락을 빙빙 꼬거나, 머리를 긁적이거나, 볼펜을 계속 돌리는 경우가 그렇습니다.

이런 행동을 반복하는 이유가 당신이 무언가를 집중하는 데 도움이 되거나, 머리가 간지럽거나, 안경이 자꾸 흘러내리거나, 당신이 정말로 초조하기 때문일 수 있습니다.

같은 동작을 반복한다고 해서 지구가 멸망하는 건 아니지

만, 당신이 상대방에게 어떻게 보이는지에 영향을 준다는
사실은 알아야 합니다.

6
집중해서 듣기

우리가 하는 말과 말이 아닌 의사소통은 모두 머리를 통
해 상대방에게 전달됩니다. 입은 얼굴에 있고, 얼굴과 표정
이 상대방에게 보여지기 때문에 머리의 움직임에 신경써야
합니다.

기본적으로 머리의 방향을 바르게 두는 게 중요합니다.
단순히 목이 뻣뻣해지거나 삐끗하지 않게 하려는 게 아니
에요. 이른바 '능동적 경청'이라고 불리는 자세가 있어요.
당신이 지금 상대방의 말을 집중해서 듣고 있다는 사실을
분명하게 전달하는 거죠. 그러기 위해서 몸짓과 머리의 방
향을 활용할 수 있어요.

누군가 당신에게 무언가를 말할 때 가볍게 고개를 끄덕이며 그 말에 동의한다는 것을 표현할 수 있습니다. 정신이 딴데 가 있거나 나사가 풀린 것처럼 보이지 않게 말이죠.

옆에서 말을 걸면 그쪽으로 고개를 돌리는 게 좋아요. 턱을 적당히 치켜들고 (하지만 천장을 보는 정도는 아니어야 합니다.) 대화의 내용과 상대방에 대한 관심을 드러내야 합니다.

7

적당히 시선 맞추기

상대방과 시선을 맞출 때 균형을 이루는 것이 중요합니다. 대화를 나눌 때 우리가 가장 신경을 써야 하는 것 중 하나가 상대의 눈을 바라보는 것입니다.

눈을 바라보는 것만으로도 당신은 훨씬 더 믿을 수 있는 사람으로 인식됩니다. 당신이 하는 말의 내용이 달라지지 않더라도 당신은 진실된 사람으로 보일 수 있어요.

하지만 말할 때 상대와 눈을 마주치지 않는다면, 그것만으로 못 믿을 사람으로 인식될 가능성이 매우 높습니다.

당신이 지나치게 빤히 상대를 쳐다본다면, 그 또한 불신을 불러일으킬 수 있어요. 적당한 대처가 중요합니다. 그 지점을 찾는 것이 어렵지만요.

다른 사람과 대화할 때 이마나 코, 눈썹 사이를 바라보는 사람들도 있어요. 상대와 정면으로 눈을 마주치는 것이 불편하거나, 자신이 판단의 대상이 된다고 느끼거나, 스스로 무방비한 상태라고 느끼는 것을 피하고 싶기 때문입니다.

8
바른 자세로 앉기

우리는 사무실에서든, 학교에서든, 집에 있는 컴퓨터 의자에서든, 하루의 대부분을 앉아서 보냅니다. 어디든 상관없이 바르게 앉는 것이 중요해요.

이것은 척추 건강을 위해서만이 아닙니다. 올바른 자세는 당신이 상대에게 어떻게 보이는지에도 영향을 미칩니다.

학교 다닐 때 저는 의자에 몸을 과하게 기대어 앉았는데, 이런 자세가 건방지고 선생님 말씀에 신경을 쓰지 않는 태도로 보였던 기억이 나네요. 제가 실제로 수업에 집중하고 있는지 아닌지와 관계없이 말이죠!

어쩌면 당신은 건방지게 보이고 싶거나 동네에서 가장 불량한 아이로 보이고 싶을 수 있고, 그게 나름 멋지다고 생각할 수도 있습니다. 하지만 당신의 모습이 다른 사람에게 어떤 인상을 주는지 알아야 합니다.

이야기할 때 의자에 똑바른 자세로 앉으면 상대방에게 자신감과 안정감을 전달할 수 있습니다. 팔은 테이블 위에 자연스럽게 얹으면 좋아요. (식사 중에는 식탁에 팔꿈치를 얹지 마세요, 제발 부탁입니다.)

괜히 주먹을 꽉 쥔다거나 이상한 자세로 몸을 뒤틀지 말자구요. 상대방이 당신에 대해 나쁜 인상을 갖게 될지도 모르니까요.

그런 인상을 주고 싶은 건 아니죠?

9
자연스럽게 서 있기

당신이 우두커니 서 있으면 상대에게 불편한 인상을 줄 수 있어요. 자신이 마비된 것처럼 보이기를 바라는 사람은 아마도 없을 겁니다.

어떻게 해야 할지 모르는 경우에는 가만히 서 있는 대신 약간씩 몸을 움직여 볼 수 있습니다. 몸의 무게를 한 발에서 다른 발로 옮기거나, 자연스럽게 스트레칭을 해 보거나 허리에 손을 얹을 수도 있어요. 가능한 범위 내에서 계속 움직이되 지나치지 않게 해야 해요.

모든 면에서 균형을 유지해야 한다는 걸 이제 알고 있죠? 지나치게 몸을 움직이면 이상하게 보일 수도 있습니다.

기억해야 할 것은, 대화하고 있는 사람으로부터 절대 등을 돌리지 말아야 한다는 사실입니다.

사람들이 원의 형태로 서 있다면, 조금씩 방향을 바꿔 가며 움직여 보세요. 그러면 모두가 당신에게 관심을 받는다고 여길 거예요. 자신이 당신에게 중요한 존재라고 느낄 것이고, 누구도 외면당한다고 생각하지 않을 거예요.

10
거리 조절하기

개인적인 공간은 매우 중요하며, 항상 존중되어야 합니다. 누군가와 일대일로 대화하는 중이라면, 상대방의 공간을 침범하거나 상대를 불편하게 만들지 않도록 거리를 잘 조절해야 합니다. 이것이 제일 중요해요.

상대에 따라, 관계에 따라, 그날 기분이 좋은지 잠을 제대로 못 자서 기분이 엉망인지에 따라, 확보되어야 하는 개인 공간은 달라집니다.

상대방의 움직임에 따라 어느 정도의 거리가 필요한지 파악할 수 있어요. 만약 상대방이 뒤로 물러서는 것을 본다면, 가까이 다가가지 말고 둘 사이의 공간을 남겨 두도록 노력하세요.

반대로 상대가 편안함을 느끼며 당신 쪽으로 다가온다면, 당신도 조금 더 다가가 보세요. 자신감과 수용성을 보여 줄 수 있을 겁니다.

11
거울 효과

여행을 가면 그 지역의 사투리나 억양이 쉽게 입에 붙는 것처럼, 특별히 의식하지 않았는데 상대방과 같은 행동을 하게 되는 경우도 있어요. 상대가 어떤 몸짓을 하고, 어떤 표정을 지으며, 어떤 자세를 취하고, 어떤 어조로 말하는지에 온전히 집중하면서 자발적으로 따라 하게 되는 거죠.

하지만 이런 행동들은 선을 넘을 수도 있기 때문에 매우 조심해야 합니다.

신체 언어는 우리에게 가장 친숙한 것 중 하나이기 때문에 내 행동을 따라 하는 것을 보면 편안함과 안정감을 느낄 수 있지만, 너무 지나치면 자신을 놀린다고 생각할지도 몰라요! 상대방에게 좋은 인상을 주려던 의도와 전혀 다른 결과를 가져올 수 있다는 것입니다.

이는 데이트할 때나 면접 볼 때와 같이 중요한 상황은 물론, 일상의 거의 모든 상황에 적용됩니다.

몸짓이 중요한 이유

○○○

　사람들이 모여 있을 때 누가 누구를 좋아하는지 아는 것
은 전혀 어렵지 않아요. 이건 당신에게도, 당신이 짝사랑하
는 사람에게도 그리고 당신을 짝사랑하는 사람에게도 적용
됩니다. 누군가의 발과 발끝이 어디를 향하는지 보는 것만
큼 간단한 문제랍니다.

　여러분이 비교적 많은 사람과 모여 있는 동안 당신의 발
이 누군가를 향하고 있다면, 당신은 그 사람에게 호감을 갖
고 있거나 적어도 그 사람이 당신의 눈길을 끌고 있을 가능
성이 큽니다.

　반대의 경우도 마찬가지예요. 여러분이 비교적 많은 사

람이 모인 자리에서 이야기하고 있는데 모두의 발이 다른 쪽을 향하고 있다면, 유감스럽게도 그들이 당신의 말에 관심이 없을 가능성이 매우 크다는 의미입니다.

그렇다면 당신은 대화 내용이나 어조를 바꾸거나 잠시 입을 다무는 선택을 할 수도 있어요. (물론 어쩌면 그날 이를 닦지 않은 것이 문제일 수도 있겠지만…….)

우리의 표현은 의사소통의 결과에 늘 영향을 미칩니다. 의식적으로든 무의식적으로든 유리하게 또는 불리하게 작용되죠. 우리가 깨닫지 못하더라도 항상 그래요. 이런 세부 사항을 놓치는 건 중요한 부분에 눈감아 버리는 것이에요. 유혹의 고수가 되기를 거부하는 것이죠!

이제 신체 언어를 활용하여 상대에게 호감을 얻고, 매력을 발산해 볼까요?

우리가 대화하는 동안 고려해야 할 여러 가지 중요한 요소들이 있어요. 손짓, 표정, 자세, 눈 마주침, 몸 사이의 거리 및 말하는 방식 등이죠.

말이 아닌 언어는 우리가 언어를 어떻게 쓰느냐와 관련이 있어요. 억양에 따라 같은 문장이 전혀 다른 의미가 되는 것처럼요. 예를 들어, "당신은 정말 친절하시군요."라는 말은 말 그대로의 의미일 수 있고, 당신은 정말 무례하다는 반어적 표현일 수도 있어요. 같은 말이라고 해도 전혀 다른 의미를 가질 수 있습니다.

상대방의 마음을 얻겠다는 목표를 달성하기 위해 필요한 열쇠가 바로 신체 언어입니다. 감자튀김에 관해 이야기하든, 바다거북의 짝짓기에 관해 이야기하든, 말이 아닌 다른 언어들을 잘 사용하면 관심 있는 사람의 눈길을 끌 수 있고 원하는 결과를 더 쉽게 얻을 수 있어요.

여기서 당신은 이렇게 질문할 수 있어요.

대체 이게 무슨 말이에요? 왜 그런 거죠?

음, 간단히 말하자면 "우리는 동물"이라고 이미 말했잖아요? 동물에게는 본능이 있고, 우리도 모르게 활성화되는 움직임이 있습니다. 이 움직임이 다른 사람을 주목하고, 그에게 관심을 갖게 만들어요.

우리는 우리의 뇌를 통제하지 않아요. 우리의 뇌가 우리를 통제하는 겁니다. 수백만 년에 걸친 진화가 우리를 여기까지 이끌었어요. 결국 우리가 다른 사람의 이목을 끌고 그의 관심을 받기 위한 정해진 작동 방식이 있는 거예요.

공작새가 화려한 꼬리를 활짝 펼치거나, 사슴이 울부짖을 때처럼 말이죠.

우리의 몸짓은 대부분 무의식적입니다. 우리는 그것을 의도적으로 제어하지는 않아요. (우리가 그것을 제어하기 위해 엄청 열심히 노력하지 않는다면 말이죠.)

실제로 제 경우에 강연을 마친 후 녹화된 제 모습을 보면 '내가 왜 저렇게 움직였지?'라는 생각이 가장 먼저 듭니다. 저도 모르게 웃음이 터져요.

여기서 중요한 건, 우리의 몸짓은 상대방의 반응을 통해 또 다른 몸짓으로 연결된다는 것입니다. 이것이 긍정적인 몸짓일 수도 있고 부정적인 몸짓일 수도 있는데, 확실한 건 서로의 몸짓에 영향을 준다는 사실입니다.

이러한 몸짓들은 우리가 통제할 수 없습니다. 복잡한 생각을 거치지 않고 아주 자연스럽게 발생하기 때문에, 우리가 실제로 느끼거나 생각하는 것이 그대로 반영되죠.

그러면 당신은 이렇게 말할 수 있을 거예요.

내 생각이나 내가 원하는 것이 고스란히 드러난다면, 그 사람을 좋아하거나 싫어하거나 또는 무서워한다는 사실을 숨길 수 없어서 쩔쩔매게 될 것 같아요.

걱정하지 않아도 됩니다. 이 모든 것은 훈련할 수 있어요. 근육을 단련하는 것과 같아요. 우리는 신체 언어가 더 유연해지도록, 이것을 능숙하고 유창하게 사용할 수 있도록, 몸과 마음을 훈련할 수 있습니다.

우리가 무엇을 전달하는지, 어떤 수단을 사용하는지 더 잘 인식하도록 배울 수 있어요.

말이 아닌 언어도 분명히 언어입니다. 어떤 언어든 잘하기 위해서는 배우고 훈련해야 해요. 당연하죠?

　'몸짓이나 표정을 완벽하게 사용할 수 있음을 증명하는 최고의 자격증을 따겠다.'는 마음으로 주변 사람들의 관심을 일깨우세요. 제가 방법을 알려 줄게요.

상대방에게 호감을 얻는 법

○○○

이제부터 당신이 상대에게 호감을 얻고 싶을 때, 어떻게 하면 좋은지 꿀팁을 알려 드릴게요.

더 이상 기본적인 이야기가 아니에요. 실전으로 가 봅시다.

①
상대방의 눈을 바라보기

누군가를 바라볼 때 '연쇄 살인범'처럼 보이지 않도록 조심 또 조심하세요. (제발 부탁이에요!)

당신이 좋아하는 사람 혹은 약간 위협적으로 느껴지는 사람을 바라볼 때 불안하고 불편할 수 있어요. 하지만 다른 방법이 없으니 계속 쳐다봐야 해요. 이런 긴장되는 순간에 상대를 죽이고 싶어 하는 것처럼 보이지 않도록 주의해야 해요.

어떻게 바라봐야 위협적으로 보이지 않을까요?

상대의 눈을 바라볼 때 계속 같은 위치를 보는 게 아니라 조금씩 움직여야 해요. 한쪽 눈에서 다른 쪽 눈으로, 코로, 입으로(당신이 키스하고 싶다는 것을 알려 주는 장소죠.) 시선을 옮기는 거죠. 상대방이 불편해하지 않도록 때때로 눈길을 다른 데로 돌리기도 하고요.

한 가지 팁을 드리자면, 이마 한가운데를 빤히 보는 건 아주 이상해요. 시선이 너무 높아서 시야선을 벗어나기 때문입니다. 만약 당신이 그곳을 바라보면 상대방은 자신의 이마에 여드름이나 머리카락이나 혹은 다른 무언가가 붙어 있다고 생각할 거예요. 그것을 떼려고 이마를 만지는 일이 생길지도 모릅니다.

2
자세로 자신감 보여 주기

자신감을 보여주는 건 다리, 팔, 그리고 등의 움직임입니다!

좋아하는 사람 앞에서 불안해 보이거나 긴장한 모습은 그다지 매력적이지 않아요. 그렇다고 당신의 감정을 들키지 않으려고 돌멩이처럼 굴 필요는 없어요. 때로는 감정을 있는 그대로 드러내거나 연약해 보이는 모습이 오히려 사랑스럽게 느껴지니까요.

하지만 불안한 마음이나 불편한 기색이 너무 분명하게 드러나고 오랜 시간 지속되면, 상대방도 무의식적으로 불편함을 느낄 거예요. 당신에게 혹시 지금 힘든지 물어볼 수도 있어요.

이건 매력적으로 보이는 것과 달라요. 상대방이 당신을 안쓰럽게 느끼는 것은 결코 당신에게 매력을 느끼는 게 아닙니다. 그렇다면 어떻게 해야 할까요?

우선 우리의 팔다리가 나무 막대기처럼 뻣뻣해 보이지 않도록 유연하게 움직여야 해요. 긴장을 풀고 적당히 대화도 하면서 말이죠.

이때 우리는 신체를 적절하게 활용할 수 있어요. 등과 어깨는 곧게 펴고, 지금 하는 말이 확신에 차 보이도록 손짓을 곁들이는 거예요. 겁을 먹었거나 추위를 느끼는 것처럼 몸을 움츠려서는 안돼요.

탑처럼 꼿꼿하게 서서 절대 몸을 구부리지 말라는 건 아니지만 (특히 대화 상대가 당신보다 작다면 구부리지 않을 수 없죠.) 반듯하게 선 자세가 제일 좋은 건 사실입니다.

이런 자세는 당신이 확신을 가졌다는 것을 보여 주고, 상대에게 믿음을 주며, 아래와 같은 메시지를 전할 수 있습니다.

괜찮아요. 우리는 지금 별문제 없어요.

3
상대방과 온전히 마주 보기

누군가에게 관심이 있다면 상체만 아니라 몸 전체가 그 사람을 향해야 해요. 그래야 상대방은 당신의 관심을 받고 있다고 인식할 수 있고, 특별한 감정을 느낄 겁니다!

물론 많은 사람들이 함께 있을 때 다른 사람들을 전혀 신경쓰지 않고, 오직 그 사람에게만 집중해야 한다는 뜻은 아니에요.

여기서 한 가지 꿀팁을 알려 드릴게요. 당신이 한참 동안 누군가를 바라보다가 갑자기 시선을 거두면, 그 사람은 무언가 달라졌다는 것을 눈치챌 겁니다.

'왜 더 이상 당신이 관심을 주지 않지? 뭐야? 나를 무시하는 거야?'라고 생각할 거예요.

그 사람은 당신의 관심을 되찾으려고 하고, 당신을 더욱 주목하게 될지도 모릅니다!

4
양손을 자유롭게

이건 당신이 관심 있는 사람과 얘기하는 대신 에어팟을 착용하고 편하게 음악을 들으라는 얘기가 아니에요.

당신의 두 손을 언제든 활용할 수 있도록 준비해 두라는 얘기입니다.

대화할 때는 두 손을 주머니에 넣지 마세요. 팔짱을 끼는 것도 좋은 생각이 아니에요. 당신이 화가 났다거나 아무하고도 이야기하고 싶지 않다는 인상을 줄 수 있어요. 누군가 무의식적인 신호를 발견하고 당신을 피할 수도 있어요.

팔과 손은 효과적인 의사소통에서 매우 중요합니다. 상대방의 호감을 얻을 때 특히 더 중요한 역할을 해요. 그러니 팔과 손이 당신이 말하는 것과 같은 에너지로, 대화의 리듬을 타고 움직이도록 해야 해요.

상대방과의 적절한 거리

상대와 어느 정도 신체적인 거리를 둬야 할지 고민될 때는 여러 가지 상황을 고려해야 합니다. 상대방이 당신을 신뢰하는지, 당신이 어떤 장소에 있는지, 현재의 상황이나 대화 상대를 얼마나 편안하게 느끼는지에 따라 적당한 거리가 정해질 거예요.

그러니까 신중해야 합니다. 여기에는 자주 발생하는 오해가 있거든요. 아주 심각한 오해죠. 누군가에게 가까이 다가갈수록 그 사람이 우리를 좋아할 거라고 생각하는 것은 아주 큰 오해입니다. 오해예요!

누군가의 개인적인 공간에 가까워지는 것은 상대가 당신에게 정말로 편안함을 느끼는지 확인한 후에야 가능합니다. 상대가 확보하고 싶어 하는 공간은 상황과 맥락에 따라 더 클 수도, 작을 수도 있어요.

예를 들어, 클럽에서는 상대가 원하는 개인적인 공간이

길거리에서보다 더 작을 겁니다. 소음이 너무 커서 아주 가까이 있지 않으면 대화를 하기 어려울 수 있으니까요.

이런 공간에서는 상대방이 당신의 말을 잘 들으려고 가까이 다가설 테고, 당신의 마음을 전하는 데 도움이 될 수 있어요. 물리적으로 가까이 있으면 관심이 있다는 사실을 알아차리게 하기 쉬우니까요.

솔직히 당신도 호감 있는 사람과 가까이 있기를 원하잖아요? 그래야 당신의 마음이 분명해질 것이고, 상대도 당신과 같은 감정인지 확인할 수 있을 거예요.

하지만 반드시 주의해야 합니다. 상대방이 편안해하지 않는 것 같으면, 그 즉시 한 발 뒤로 물러서야 해요.

6
미소를 숨기지 마세요

여러 해 동안 저는 제 미소가 이상하다고 생각해 왔어요.

웃을 때 잇몸이 너무 드러나서 남들이 보기에 예쁜 미소가 아닌 것 같았어요. 잇몸을 감추고 입을 다문 채 미소 짓는 게 훨씬 더 낫다고 생각했지만, 제 생각이 잘못된 거였어요.

세상에 이상한 미소는 없어요. 맹세합니다.

> 미소는 가장 솔직한 몸짓 중 하나이며,
> 미소가 전달하는 것은
> 행복, 공감, 좋은 분위기, 유머 등입니다.

미소는 아름다움에 대한 고정관념을 뛰어넘어요. 자연스러운 미소는 정말 멋진 겁니다. 당신은 이미 그것을 경험했을 겁니다. 상대가 미소를 지을 때 당신은 훨씬 더 평온하고 차분해졌을 겁니다. 여기에는 의심의 여지가 없어요.

미소는 믿음을 키우고, 긴장을 완화시키고, 우리를 편안한 상태로 만들어 줍니다. 그러니 미소 짓고 싶을 때는 두려워 말고 활짝 웃으세요.

확실하게 말할게요. 당신의 미소를 보는 사람이 관심 있는 건, 당신이 웃을 때 잇몸이 얼마나 드러나는지, 앞니 사이가 벌어졌는지, 송곳니가 삐죽 돋아 있는지가 아닙니다.

하지만 당신이 억지로 미소를 숨긴다면 상대는 당신이 무언가를 감춘다고 생각할 가능성이 매우 큽니다. 당신이 숨기는 게 미소만이 아니라고 생각할지도 몰라요!

05

키스의 신호를 알고 싶다면

○○○

　이번 장은 아주 아주 흥미로운 내용입니다. 글로 설명하기에 매우 어려운 부분이기도 하고요!

　'어떻게' 키스를 할 것인지를 다루기 전에 먼저 이야기하고 싶은 게 있어요.

　가장 흥분되면서도 가장 두려운 순간, 가장 아름다운 동시에 가장 불편한 순간, 온몸이 긴장되고 떨려서 죽을 것 같은 바로 그 순간에 대한 이야기예요.

　맞아요, 바로 첫 키스 '직전의 순간'입니다!

　눈앞에 있는 사람과 키스하고 싶은데 그 사람도 키스를 원한다고 생각되지만 확신이 없는 바로 그 순간이요!

만약 상대가 키스를 원하지 않는다면요? 혹은 상대도 키스하기를 원하고 당신이 움직이기를 기다리고 있는 거라면요? (으악, 살려 주세요!)

지금 하는 대화를 멈추고, 수영장에서 다이빙하듯 키스로 뛰어들 순간이 언제인지 알기란 참으로 어려운 일입니다!

언제 키스를 해야 하는지 아는 것, **키스 자체**에 대해 아는 것, 이런 것들은 키스 잘하는 법을 아는 것만큼 매우 중요합니다. 믿을 수 없을지 몰라도 상대방이 당신만큼 키스를 원하는지 알 수 있는 신체 언어와 신호는 상당히 많이 있습니다.

물론 더 쉬운 길을 택할 수도 있죠. 눈앞의 상대에게 이렇게 물어보는 거예요.

키스해도 돼?

하지만 상대가 당신과 키스하기를 원하지 않는다면 이 질문 자체를 기분 나빠할 수 있습니다.

실제로 제가 겪은 일을 이야기해 줄게요.

사실 저는 상대가 저랑 키스를 하고 싶은지 아닌지 알아보는 데 몹시 서툴렀어요. 어릴 때 제가 좋아했던 여자애와 나무 벤치에 나란히 앉아 이야기를 나누던 때가 기억나네요. 우리는 주변 세상을 다 잊은 채 단둘이 오랫동안 이야기를 나누었어요. 그애가 자꾸 제 입을 바라보았지만, 저는 너무 긴장되고 겁이 나서 그애를 쳐다볼 수가 없었어요. 좀 어이없어 보일 수 있겠지만 진짜예요.

　사실 제 머릿속은 그애와 키스하고 싶다는 생각이 가득했고, 영화처럼 완벽하고 적절한 순간이 찾아올 거라 생각했어요. (스포일러: 완벽한 순간이란 존재하지 않아요. 여러분 스스로 만들어야 합니다.)

　그러다 보니 그애가 저에게 보내는 신호를 알아차리지 못했어요. 그 신호를 해석하기는커녕 어떻게 읽어야 할지조차 몰랐죠. 그애가 의도적으로 신호를 보내는 건지, 의도하지 않았는데 보내진 건지 알 수가 없었습니다.

　아무튼 저는 완전히 실패를 하고 말았습니다.

　어느 순간 그애가 제 쪽으로 다가왔고 키스 말고는 아무

것도 생각할 수 없었던 터라, 저는 그애에게 몸을 던져 키스를 하려고 했어요. 하지만 그건 저만의 오해였어요!

그애는 그저 가방에서 무언가를 꺼내려던 것뿐이었는데 제가 거대한 머리로 그애를 들이박은 거예요!

제 이마에 부딪힌 그애 입술에 상처가 났고, 저는 너무 당황해서 어떨 줄 몰랐답니다.

에피소드의 결론: 키스는 없었다.
하지만 작은 드라마는 있었다.

일주일 뒤, 그애와 다시 이야기를 나누던 중 저는 모든 것을 잘못 해석했다는 걸 깨달았어요. 그리고 다짐했어요.

더 나아져야 해. 두 번 다시 이런 실수를 반복해서는 안 돼.

시간이 지나 우리 둘은 한동안 사귀게 되었어요. 하지만 그건 제가 상대의 신체 언어를 잘 읽어 냈기 때문은 아니었어요.

여기서 상대방이 키스를 원한다는 것을 확실히 알 수 있는 신호를 알려 드릴게요.

당신이 찾고 있는 첫 키스로 나아가는 신호!

1
상대가 당신의 눈을 바라본다면

이건 상대가 당신에게 관심이 있다는 신호일 수 있어요. 그야말로 기본적인 겁니다. 당신이 하는 말에 관심조차 없다면 당신과 키스하고 싶어 할 리 없잖아요.

상대가 당신 눈을 보면, 당신도 상대의 눈을 보며 당신을 어떤 식으로 보는지 살펴보세요. 상대의 눈이 당신에게 몰입하고 있다는 느낌을 주는지 관찰하세요.

이때 상대의 동공이 커지는지도 살펴봐야 해요. 동공이 커진다는 건 흥분의 신호일 수 있거든요.

이 두 가지 신호가 함께 나타나면 상대는 당신이 하는 이야기에 흥미를 느끼고 있는 겁니다. 당신에게 매우 관심이 있다는 의미일지도 몰라요!

2
상대가 당신의 입술을 바라본다면

상대가 당신의 입술을 쳐다본다면, 당신이 하는 이야기에 흥미를 느끼는 것일 수도 있어요.

그 눈길이 한결 같으면서도 언뜻 망설이는 것처럼 보인다면, 당신이 키스할 순간이 아주 가까이 온 걸지도 몰라요. 상대도 당신과 같은 것을 찾고 있고, 같은 감정을 느끼는 걸 겁니다.

3
상대가 시선을 다른 곳으로 돌린다면

누군가를 빤히 바라보는 것이 끌림의 신호일 수 있지만, 눈을 마주치지 않는 것도 끌림의 신호일 수 있어요!

지금의 상황이 긴장되거나 겁이 나서 혹은 좋아하는 사람이 가까이 있어 부끄러워서 눈을 마주치지 못하는 것일 수 있어요.

상대는 당신이 눈치채지 못하게 당신을 흘깃거릴 수 있어요. 당신과 너무너무 키스하고 싶지만 당신도 같은 마음인지 모르기 때문에 '너무 떨려서 죽을 것 같은 상태'인 거죠.

하지만 헷갈리지 않도록 주의하세요! 사람들은 마음이 통하지 않는다고 느낄 때도 눈을 피하니까요.

4
상대가 미소 짓거나 웃는다면

누군가 당신을 보며 미소를 짓거나 웃는다면 당신이 하는 이야기를 즐기거나 당신을 좋아하는 걸 겁니다.

물론 어떻게 반응해야 할지 몰라서 짓는 미소와 불편한 감정을 달래기 위한 웃음, 호감을 느끼는 웃음을 잘 구분해야 합니다. 상대가 정말로 편안하고 기분이 좋은지, 진정으로 즐거워서 웃는 것인지 주의 깊게 지켜보고 확인해야 합니다. 그것은 키스의 순간이 다가오고 있다는 신호일 수 있으니까요.

절대 서두르지는 마세요. 어쩌면 당신이 정말 재미있는 농담을 했을 수도 있으니까요, 하하하.

5
상대가 몸을 당신 쪽으로 기울인다면

상대가 당신의 몸, 어깨, 가슴, 다리 또는 발을 향해 몸을 기울이거나 그쪽을 향해 서 있다면 그건 당신을 좋아한다는 의미일 수 있어요.

팔짱을 끼는 대신 양팔을 자연스럽게 내리고 가슴을 드러내는 자세라면 자신이 안전하다고 느끼고 있는 겁니다.

당신이 그 사람에게 좋은 기운을 전해 주고 있다는 신호일 수 있어요.

상대의 몸이 어디에 있는지, 어디를 향하고 있는지, 이것이 핵심입니다. 상대가 당신을 향해 있는 것은 매우 긍정적인 신체 언어입니다.

6
상대가 거리를 좁힌다면

　상대가 당신을 만질 수 있을 정도로 가까이 다가오거나 당신 쪽으로 몸을 기울이는 식으로 당신의 개인적인 공간에 들어온다면, 이건 아주 강력한 관심의 신호입니다.

　당신과 더 가까이 있기를 원한다는 의미니까요.

　상대가 당신의 귀에 대고, 혹은 얼굴 앞이나 입 주변에서, 꼭 그렇지는 않더라도 당신 가까이에서 말을 하는 상황이라면, 확실히 당신에게 끌리고 있다고 볼 수 있어요.

　물론 맥락을 잘 살펴야 합니다. 주변이 시끄러워서 상대가 당신의 말을 잘 듣지 못해서 다가온 걸 수도 있으니까요. 아니면 앞서 이야기한 제 경우처럼, 그 사람도 가방에서 뭔가를 꺼내려는 것일 수도 있고요!

7
상대가 당신과 같은 방식으로 터치한다면

여기서 말하는 터치는 가벼운 접촉을 말해요. 팔을 가볍게 만지거나, 어깨에 손을 얹거나, 함께 앉을 때 무릎이 서로 닿는 것처럼 말이죠.

당신이 가볍게 터치했을 때 상대가 미소를 짓거나, 즐거운 표정을 짓거나, 당신이 한 것과 같은 방식으로 터치를 돌려준다면 잘하고 있는 겁니다.

당신이 보낸 신호에 상대가 적극적으로 반응한다면 키스할 수 있는 기회가 분명히 있을 겁니다.

반대로 당신이 터치했을 때 상대가 뻣뻣하게 굴고, 차갑게 대하고, 멀어지는 것이 느껴진다면, 당신이 성급하게 행동한 겁니다. 상대는 당신과의 접촉을 원하지 않으니 당장 멈추고 제자리로 돌아가세요!

8
작별 인사를 할 때 주목할 것

여러분이 혼자, 또는 친구들과 함께 작별 인사를 하려고
할 때, 그 사람은 어떤 행동을 하나요?

이때 그 사람의 손과 팔에 주목하세요!

당신을 자연스럽게 터치하는지, 당신에게 가까이 다가오
는지, 먼저 나서서 포옹으로 인사를 하는지, 잠시 곁에 머물
면서 당신의 입술을 쳐다보는지 확인하세요.

이것은 분명한 *키-이이이스* 신호입니다!

키스로 가는 길

이제 상대가 보내는 키스의 신호에 대해 알았으니 당신은 궁금할 것입니다: 그럼 나는 무얼 할 수 있지? 상대에게 겁을 주거나 불편하게 하지 않으면서 키스하고 싶다는 사실을 어떻게 분명하게 알릴 수 있을까?

이때 몸의 언어를 사용해서 올바르게 의사소통하는 것이 대단히 중요합니다. 다른 사람이 보내는 신호를 잘 읽는 것뿐만 아니라, 어떤 신호를 어떻게 보내야 할지, 그 신호가 무엇을 의미하는지 아는 것이 아주 중요하죠.

그럼 이제 키스로 향하는 길을 네 단계로 요약해 보겠습니다. 생각보다 훨씬 간단해요!

1
목표는 키스! 반드시 함께!

우리는 목표가 무엇인지 명심해야 해요. 그래요, 바로 키스입니다! 하지만 키스 자체가 멋지다기보다 (멋진 것이기는 하죠.) 그것이 의미하는 바가 더 중요합니다.

누군가와 키스를 한다는 건 서로에게 관심이 있고, 서로 좋아한다는 것을 의미합니다.

당신과 마찬가지로 상대도 당신과 함께 있을 때 편안하고 즐겁다는 사실을 확실하게 확인하는 겁니다.

우리는 키스가 "공동의 목표"라는 점을
절대 잊지 말아야 해요.
'내가 원하는 것은 이 사람에게 키스하는 것이고,
상대가 원하는지는 그다음 문제다.'

이러면 안 된다는 겁니다.

결코, 절대로, 그래서는 안 됩니다.

목표는 좋은 입맞춤을 하는 것이고,

반드시 두 사람이 함께 이루어야 합니다.

A. 당신이 보기에 상대가 당신의 말에 관심 있는 것 같나요? 제가 알려 준 상대의 마음을 읽는 방법을 이미 터득했다면, 더 가까이 다가가세요.

대신 서두르면 안 됩니다. 야수처럼 굴어서는 안돼요.

상대에게 접근한 후 상황이 어떻게 변하는지, 상대방의 반응을 확인해야 합니다. 더 좋은 방향으로 변했나요, 아니면 더 나쁜 방향으로 변했나요? 상대가 편안함과 좋은 기분을 느낀다면 계속해도 좋아요.

그게 아니라면? 당장 멈추고 돌아서세요.

B. 키스하려면 서로 가까이 다가가야 하기 때문에 어떤 자세인지를 살펴야 합니다. 둘 다 앉아 있나요? 아주 좋아요. 살짝이라도 서로 다리가 닿도록 해 보세요. 아무리 가볍게 닿더라도 누구나 알아차릴 수 있죠. 심지어 자신이 좋아하는 사람과의 접촉이라면 더더욱!

몸이 닿았을 때 상대가 뒤로 물러서면 "잘 가!" 하면 됩니다. 만약 물러나지 않으면, 심지어 더 가까이 다가온다면, 이건 분명 당신과 더욱 친밀해지기를 원하는 겁니다.

C. 상대의 손을 잡아 보아요. 누군가 내 손을 잡거나 부드럽게 쓰다듬거나 다정하게 꼭 쥐어 본다면, 그 마음을 오해하기 어렵죠. 이런 행동은 상대에게 육체적이고 감각적인 관심을 가지고 있다는 사실을 분명하게 보여 줍니다.

이보다 더 명확할 수는 없어요.

2

올바른 신호를 보내려고 노력하세요.

키스로 가는 과정에서 오해하기 쉬운 신호를 보내거나, 목적지를 알 수 없는 신호를 보내면 일이 꼬여 엉망진창이 될 수 있습니다.

마음을 가다듬으세요. 자신이 원하는 것과 느끼는 것을 자연스럽고 솔직하게 전달해야 합니다.

A. 상대와 눈을 마주치는 것이 핵심입니다. 만약 당신이 상대의 눈을 의미심장하게 계속 바라보고, 그 사람의 왼쪽 눈에서 오른쪽 눈으로 (그리고 그 반대 방향으로) 계속해서 시선을 옮기고, 그의 입을 바라보다가 다시 눈으로 시선을 옮겨서 지긋이 바라본다면, 당신이 키스하기를 원한다는 분명한 신호로 보일 수 있습니다.

B. 무엇보다 침착해야 합니다! 모든 일을 천천히, 차분하

게, 올바른 방식으로 처리하려는 것은 훌륭한 생각이에요. 특히 이렇게 민감한 순간에는 더욱 그렇습니다. 누구도 상황이나 감정에 휩쓸려서 관계가 어긋나는 걸 원하지 않을 겁니다.

상대방이 관심을 보이는데 당신이 의도적으로 속도를 늦춘다면 오히려 로맨틱한 상황으로 이어질 수도 있어요.

둘이 함께 걷고 있나요? 천천히 걸어 보세요. 전속력으로 대화하고 있나요? 잠시 쉬어 봐요! 가까운 거리에서 서로의 눈을 바라보되, 천천히 상황을 살피세요.

C. 원하지 않는다는 반응을 파악할 줄 알아야 합니다.

상대방이 당신과 같은 방식으로 눈을 마주치지 않거나, 거리를 더 두려고 하거나, 당신과 함께 특별한 순간을 즐기기보다, 계속 걷고 싶어할 수 있어요.

그건 그 사람은 당신이 보낸 모든 신호를 읽었지만 당신에게 관심 없다는 것을 의미하는 것일 수 있습니다.

그럼 우리가 뭘 더 할 수 있겠어요?

> "아니오."는 "아니오."입니다.
> 거절은 말로 표현되지 않더라도
> 언제나 존중되어야 합니다.

3
키스하려면 몸을 기울이세요.

이제 기다리던 순간이 다가왔습니다. 준비되었나요?

만약 상대방이 당신이 보낸 모든 신호와 신체 언어에 긍정적으로 응답했다면, 당신에게 초록불이 켜진 겁니다.

키스해도 됩니다!

A. 더 가까이 다가가세요. 상대의 눈과 입을 바라보면서 입술을 살짝 벌려 당신이 뭘 하려고 하는지 확실하게 보여

주세요. 상대에게 애정과 끌림을 전하려고 노력하세요.

당신은 안전한 사람이고 당신 곁이면 두려울 것이 없다는 걸 보여 주세요.

지금 상대방과 친밀한 순간을 공유하고 싶다는 마음을 분명히 전해야 합니다.

B. 상대방이 당신이 보낸 시선과 신호에 똑같이 반응하고, 서로의 눈과 입을 바라본다면, 때가 되었습니다!

이제 키스해도 좋아요.

C. 만약 상대가 불편해 보이거나, 뒤로 물러서거나 혹은 대화 주제를 바꾸려고 한다면, 상대는 키스할 준비가 되지 않은 겁니다.

상황 때문이든, 상대방이 당신에게 매력을 느끼지 못해서이든, 상대방에게 당신이 원하는 걸 강요하지 않는 것이 가장 중요합니다.

4
침착하게 반응하세요.

키스에 성공했든 실패했든 상관없습니다. 차분하고, 침착하고, 자신감 있게 반응하는 것이 좋습니다.

이 순간은 두 사람 모두에게 감정적으로 예민하고 두려움이나 의심이 있을 수 있는 순간이라는 것을 기억하세요.

어떠한 경우라도 좋은 기억으로 만들어 보세요!

A. 만약 키스했다면 상대방의 눈을 바라보며 미소를 지으세요. 그리고 다시 한 번 키스를 이어 가세요.

감정에 휩싸여 통제력을 잃거나 지나치게 흥분하는 일이 없도록 노력하세요. 그것이 매우 어렵다는 것을 잘 알고 있습니다. 특히 이것이 당신의 첫 키스라면 더더욱이요!

그렇지만 과하게 조바심을 내거나 필사적으로 보이지 않아야 해요. 미성숙한 사람으로 비치지 않는 것이 중요합니다. 상대방도 흥분하고 기쁨에 들떠 있다면, 함께 그 기쁨을 나누면 됩니다! 어쩌면 더 많은 키스를 함께하게 될지도요!

B. 그 사람과 키스하지 못했다고 해서 당황하거나 이성을 잃지 마세요. 그건 충분히 일어날 수 있는 일이고, 세상이 끝난 게 아닙니다. 상대가 당신과의 우정을 저버렸다 생각하거나, 자신이 마음을 받아 주지 않아서 당신이 화낼 거라고 생각하는 걸 원치 않을 거예요.

그러니까 이때 가장 중요한 것은, 방어적인 자세를 취하거나 화내지 않는 겁니다. 성숙하게 행동하고, 거절을 수용하세요. 결코 강요하거나 압박해서는 안 됩니다. 상대에게 부담을 주어서도 안 돼요. 기쁘게 키스하는 게 아니라 형벌처럼 키스 받는 상황을 원하는 건 아니잖아요?

이미 일어난 일에 과하게 반응하지 않고 자연스럽게 행동하세요. 미소를 지으며 사과함으로써 관계를 이전의 상태로 되돌릴 수 있습니다!

07

키스할 때 알아 둘 것

○○○

키스란 무엇일까요? 키스에는 여러 종류가 있습니다.

키스는 다정하고 친근한 몸짓이 될 수도 있고, 사랑의 표현이 될 수도 있으며, 격렬한 열정을 공유하는 순간일 수도 있어요. 어떤 키스는 고통이 될 수도 있어요. 적절한 사람과 (혹은 부적절한 사람과) 키스를 해도 그럴 수 있습니다.

이 모든 키스의 공통점은 무엇일까요? 아주 간단해요.

좋든 나쁘든, 열정적이든 낭만적이든 정신적이든 키스는 의사소통 방법 중 하나라는 것입니다!

잘 생각해 보세요. 키스는 두 사람 사이의 의사소통이자 관계 맺는 방식입니다. 당신이 상대에게 키스한다면 이런 마음을 전달하려고 할 겁니다. 너를 좋아한다, 우리는 멋진 시간을 보내고 있다, 너는 정말 매력적이다, 너를 많이 사랑한다, 너에게 작별인사를 하고 싶다 등등…….

이렇게 우리는 키스를 통해 무언가를 전달합니다. 당연한 일입니다. 거듭 말하지만 키스는 일종의 의사소통이니까요. 그 키스가 어떤 방식이든 특정한 감정, 감각, 욕망을 전달할 테니까요.

시험 기간 동안 못 만난 여자 친구에게 2주 만에 키스할 때, 용돈을 준 할머니의 볼에 뽀뽀하듯이 하지는 않겠죠. 모든 키스는 완전히 다르며 각각 다른 메시지를 전달해요.

낭만적이고 열정적인 키스에도 무한한 변형이 있어요! 부드럽고 느릴 수 있으며, 깨물 수도 있고, 서툴러서 치아가 부딪히는 것을 느낄 수도 있어요. 포옹과 애무가 동반될 수도 있고, 혀를 사용하거나 사용하지 않을 수도 있습니다!

이 모든 것은 정말 혼란스럽고 복잡한 문제예요. 살면서 키스해 본 경험이 많지 않거나, 키스에 대해 잘 모르겠거나, 키스를 잘하고 싶을 때 더욱 그렇습니다.

당신이 키스하기에 적절한 조건을 갖췄다고 가정해 봅시다. 즉, 키스할 상대가 있고, 서로가 키스를 적극적으로 원하는 상황인 거죠. 만약 그렇지 않다면, 그 특별한 순간이 올 때를 대비하여 어떻게 키스해야 하는지 미리 공부해 두는 것도 괜찮습니다.

이어지는 내용은 키스 방법에 관한 기본 개념이에요.

이것이 이 책의 목적과 관련이 없다고 생각할지도 모르지만, 그건 오해입니다. 다시 한 번 말하지만 키스는 말없이 이뤄지는 의사소통의 한 형태입니다!

키스할 때 자신이 편안한지, 상대방이 불편해하거나 멈추고 싶어 하는 건 아닌지, 이런 것들을 알기 위해서 어떻게 하나요? 키스를 통해 열정, 애정, 사랑을 어떻게 전달하죠? 말이 아닌 언어를 사용하는 거죠!

키스할 때 반드시 명심해야 할 사항들이 있습니다.

아주아주 기본적인 내용이니, 주목하세요!

1
부드러운 입술

당신의 입술을 부드럽게 하는 일은 매우 중요합니다.

입술이 보송보송하고 촉촉하게 유지되도록 노력하세요. 메말라 있으면 안 됩니다! 거칠고 갈라진 입술에 키스하는 것은 아무도 좋아하지 않아요.

이건 선택 사항이 아닙니다! 모든 것이 말 그대로 물 흐르듯 원활하게 흘러가야 해요. 특히 추위로 인해 입술이 많이 건조해지는 겨울철에는 립밤을 발라 보습 관리를 해 주고, 입술이 트거나 상처 입지 않게 조심하세요.

키스하기 전에 혀로 입술을 살짝 촉촉하게 만들면 더 자연스럽게 움직일 수 있답니다.

2
충돌 조심!

영화나 드라마 혹은 일러스트의 유명한 키스 장면을 떠올려 보세요. 사람들은 키스할 때 보통 어떤 자세를 취하나요? 두 사람이 똑바로 마주하고 있는 모습을 상상했다면, 삐이이이! 틀렸습니다!

유명한 키스 장면들을 보면 사람들은 상대와 다른 방향으로 얼굴을 약간 비틀고 있다는 것을 알 수 있습니다.

이것은 우리 얼굴 한가운데에 무언가가 있기 때문이죠. 바로 코입니다!

우리가 얼굴을 살짝 돌리지 않으면 서로의 코가 쾅 부딪히게 되는데 그건 전혀 로맨틱하지 않잖아요. 감정이 격해진 나머지 콧대가 부러지는 일은 없어야겠죠.

우리 중 누구도 그걸 원하지 않을 거예요.

그러니 '볼드모트'처럼 코가 없는 게 아니라면, 키스하기 전에 고개를 살짝 비틀어 불필요한 충돌을 피하세요.

3
꼭 감은 두 눈

상대방으로부터 너무 멀리 떨어져 있을 때 눈을 감지 마세요. 계산을 잘못해서 사고가 발생할 수도 있거든요.

이를테면, 누군가의 입이 아닌 턱이나 코를 깨물게 되거나 침만 잔뜩 묻히는 실수를 하는 건 당신만이 아닐 겁니다. 눈을 너무 빨리 감으면 상대방과 서로 세게 부딪히게 될 수도 있어요!

하지만 키스할 때는 눈을 감아야 합니다. 두 눈을 접시처럼 동그랗게 뜨고 키스하는 것은 소름 끼치는 일이에요. 당신은 눈을 감았는데 상대방은 눈을 뜨고 있다면 관찰당하는 기분이 들 겁니다!

키스하는 동안에는 두 사람이 아주 가까이에 있으니 눈을 뜨고 있더라도 아무것도 보이지 않아요. 그러니 키스할 때는 적당한 거리에서 눈을 감으세요!

4
천천히, 조심스럽고 세심하게

그 순간 느껴지는 감정의 강도에 맞춰 천천히 부드럽게 키스를 시작하세요. 더 오래 지속할수록 더 즐거워지는 일들이 있는데 키스도 예외는 아닙니다.

키스를 하다 보면 서서히 수위와 속도를 높이게 되는데, 상대방이 그렇게 할 경우에는 상황에 몸을 맡겨 보세요!

아, 키스를 시작할 때는 입을 다물고 있어야 해요. 나중에 입을 열게 될 시간이 있을 거예요. 상대의 눈에 당신이 자신을 잡아먹을 것처럼 보여서는 안되겠죠. 물론, 진짜 잡아먹는다는 의미는 아니고요!

매 순간 절대 서두르지 말아요. 키스하는 동안은 모든 순간이 매우 소중합니다.

5
취향

이건 참 꺼내기 어려운 주제입니다. 나도 인정해요.

우리는 모두 하나의 세계이며, 각자 선호하는 취향이 있죠. 최고로 좋아하는 음식이 무엇인지, 어떤 자세로 자는지, 샤워할 때 사용하는 샴푸는 무엇인지, 개와 고양이 중 어느 쪽을 더 좋아하는지…… 그리고 혀를 사용해 키스하는 것을 좋아하는지, 안 좋아하는지도요!

키스는 교환이고, 공유된 순간이며,
누구에게도 뭔가를 억지로 강요해서는 안 됩니다.
다만 우리는 상대의 키스 방식에
적응해 보려고 노력할 수는 있을 거예요.
그 방식이 불편하다면 받아들이지 않아도 됩니다.
누구도 상대를 불편하게 만들어서는 안 됩니다.

제 경우에는 혀를 쓰지 않는 키스는 키스가 아닙니다!

누군가는 그런 키스가 좋을 수도 있고, 반대로 역겨움을 느낄 수도 있어요. 이런 것들에 대해서는 반드시 이야기해야 합니다. 아무리 말이 아닌 언어가 많이 있어도, 상대의 마음을 속속들이 읽을 수는 없기 때문입니다.

제 개인적인 경험과 취향을 얘기해 볼게요. 저는 상대방의 입에 혀를 집어넣는 것이 매력적이고, 재미있으며, 자극적으로 느껴집니다.

당신도 이런 방식이 마음에 든다면, 시도하세요! 상대방의 혀와 놀아요. 상대의 혀를 찾되 너무 빨리 가지는 말고요. 춤을 추는 것처럼, 혀를 쫓는 듯한 느낌으로 키스하세요.

단, 혀를 목젖까지 깊이 밀어 넣지는 말고요! 계속 말하지만 절대 야수처럼 굴어서는 안 됩니다!

6
다양한 시도

키스할 때 새로운 방식을 시도해 보세요. 그렇지 않으면 지겹고 지루해질 테니까요.

혀를 사용하는 키스와 입을 다문 키스를 번갈아 가면서 시도할 수 있어요. 키스는 상대방의 입에 당신의 혀를 넣고 몇 분간 내버려 두는 게 아니랍니다!

당신의 혀가 상대의 입 안에서 한가롭게 있도록 내버려 두지 마세요. 키스는 계속 탐색하고, 원점으로 돌아오고, 탐구하고, 조금 더 멀리 나갔다가, 다시 기본으로 돌아오는 것입니다.

7
목 돌리기

앞에서 얘기했듯, 두 사람이 키스하려면 서로가 약간 머리를 돌린 자세를 취하게 될 거예요. 그렇게 해야 서로의 입술이 잘 마주치기 때문입니다.

하지만 항상 같은 자세와 같은 각도를 유지하는 것은 조금 심심하기도 하고 심지어 목이 아플 수 있어요!

키스하는 동안 목이 뻣뻣하게 아픈 건 원치 않으니 간간이 머리나 목을 돌리는 게 좋아요. 그러면 더 매력적이고 완벽한 경험이 될 거예요.

이런 움직임을 이상하다고 생각하지 않았으면 합니다. 잠들기 전이나 자는 동안, 침대에서 몸을 뒤척이는 것과 비슷한 겁니다.

지금은 편안하게 느껴지는 자세가 몇 분 후에는 그렇지 않을 수도 있으니, 계속 적응해 나가야 거죠!

8
자극

상대의 입술을 살짝 깨물어 보세요! 이건 매우 자극적인 느낌을 주는데, 일반적으로 사람들이 좋아하는 방식이에요. 상대방을 물리적으로 당신 쪽으로 더 가까이 끌어당기는 데 도움이 될 수도 있고요. 아랫입술은 윗입술보다 더 도톰해서 살짝 깨물기 좋습니다.

단, 너무 흥분하지 말고 너무 세게 깨물지도 말아요.

만약 그랬다가는 어떻게 되는지 알죠?

누군가를 깨물기 전에 상대가 깨물리는 것을 좋아하는지 확실히 확인해야 합니다! 그렇지 않으면 복수심으로 당신을 힘껏 깨물어 버릴지도 모릅니다!

9
서로에게 배워요

상대방의 입맞춤에서 배우세요!

특히 새로운 누군가와 처음 키스할 때는 자신이 받고 싶은 방식이나, 다른 사람이 가르쳐 준 방식으로 키스하는 경향이 있습니다.

상대방이 당신에게 어떻게 키스하는지 집중하고, 그대로 따라 해 보세요. 그게 상대방이 무엇을 원하는지 당신에게 알려 주는 방법일 수도 있으니까요.

그러기 위해서는 두 사람 사이에 시간, 진정성, 신뢰가 필요합니다. 전달되는 신호를 잘 읽을 줄도 알아야 하고요.

상대방이 한숨을 쉬나요? 그게 신음 소리인가요?

상황이 갑자기 더 격렬해졌나요?

이 모든 신호에 주목하세요!

좋은 키스를 하려면 언제나 키스에 대한 상대방의 욕구를 고려해야 합니다.

상대방이 어떤 기분인지 신경 쓰고, 그가 좋아하는 것을 키스에 적용해 보세요!

자신이 어떤 키스를 좋아하는지
상대와 대화할 수 있어요.
분명히 아주 자극적인 대화가 될 것이고
키스를 더 많이 하게 될 겁니다!

자세가 중요한 이유

이제 자세에 대한 이야기를 해 볼게요!

당신이 보여 주는 몸의 움직임은 당신에 대한 판단과 완전히 연결되어 있어요. 따라서 제대로 된 자세를 갖춰야만 당신이 말하는 내용이 잘 전달됩니다.

여기서는 당신이 알아 두면 좋은 자세만이 아니라, 다른 사람들의 자세를 분석하는 방법도 알아볼 거예요. 사람들의 자세를 공부하면 그들에 대해 놀랄 만큼 많은 세부 사항을 알 수 있습니다. 그들 자신이 잘 숨기고 있다고 생각하는 것들까지도요!

상대의 자세를 주의 깊게 관찰하고 속임수를 알게 되면

누구도 쉽게 당신을 속일 수 없을 거예요. 나아가 우리가 만나는 사람들을 더 잘 이해할 수 있을 거예요.

때로 의사소통의 오류가 오해를 불러일으킬 수도 있고, 상대가 자신이 이해받지 못한다고 느껴서 힘들어 할 수도 있어요. 이제 그런 일은 일어나지 않을 겁니다!

상대가 자신의 몸짓과 행동으로 ─ 행여 그것이 무의식적인 것이라도 ─ 무엇을 말하려고 하는지 알아차리지 못해서 상대가 불쾌감을 느끼는 상황을 만들지 마세요.

우리가 원하든 원하지 않든, 감정은 몸과 완전히 연결되어 있습니다. 사실상 감정과 몸은 하나입니다. 감정은 에너지의 방출이며, 뉴런과 신경이 전달하는 전기 파동입니다. 뇌의 내부에 전달되는 것과 마찬가지로 뇌의 외부로도 전달됩니다.

예를 들어 우리를 슬프게 하는 자극에 반응할 때 눈물이 흐르는 화학 반응이 발생하는 것처럼, 몸 전체에 무의식적인 반응이 일어납니다. 우리는 두뇌와 육체를 분리할 수 없고, 둘은 늘 서로에게 영향을 미칩니다.

당신이 슬프거나, 기쁘거나, 좋은 시간을 보내거나, 새로운 사람들을 만날 때 마음을 열거나 닫거나⋯⋯ 이 모든 순간에 원하든 원하지 않든 당신이 느끼는 것을 몸으로 표현합니다!

예를 들어 기쁨을 표현할 때, 얼굴로만 미소짓는 것은 아닙니다. 우리의 몸짓은 모든 것을 다 포용하려는 듯 더 확장되고 커집니다. 목이 곧게 펴지고, 두 팔이 편안하게 열리는 경향이 있어요. 마치 기쁨을 함께 공유할 더 넓은 삶의 공간을 찾거나, 더 크게 포옹하고 싶은 것처럼 말입니다!

그 반대의 경우도 마찬가지입니다.

미소 짓는 것은 그 자체가 우리를 더 기쁘게 만드는 경향이 있습니다. 이건 입증된 사실입니다. 비록 조금만 미소 지어도 말이죠.

기쁨을 겉으로 표현할 때, 우리는 내적으로도 기쁨을 느끼게 됩니다. 이것은 긍정적인 순환 고리입니다. 미소를 지으면 우리는 더 활기차지고, 더 명랑해지고, 함께 나누려는 마음이 커져서 더 사교적으로 변합니다.

우리는 무리 지어 생활하는 동물입니다. 행복을 우리와 비슷한 사람들과 나누고 싶어 하죠. 이것은 본능적인 욕구입니다. 우리는 우리가 행복하다는 것을 세상에 보여 주고 싶어서 미소 짓는 거예요! 미소는 말 그대로 '우리 얼굴에 그려지는 것'입니다.

자세와 관련해 흥미로운 에피소드를 하나 들려줄게요.

다른 사람의 자세를 읽는 방법, 그리고 그것을 통해 그들이 어떤 상태인지 눈치채는 방법을 제가 어떻게 배웠는지에 관한 이야기입니다. 여기에는 상대가 아무 말을 하지 않더라도, 그들이 행복한지, 화났는지, 슬픈지 어떻게 감을 잡는지도 포함돼요.

제가 어렸을 때 엄마를 설득해서 갖고 싶던 콘솔 게임기를 손에 넣게 된 이야기를 해 드릴게요.

"끈질기게 노력하는 사람이 결국 성취한다."라는 말을 많이 들어 왔겠지만, 그건 거짓말입니다. 떼쓰고 조른다고 해서 원하는 것을 얻을 수 있는 것은 아니에요.

많은 경우 정반대의 결과가 나타나기도 해요.

상대를 화나게 만들고 그의 감정을 고려하지 않으면 모든 기회를 날려 버릴 수도 있어요. 그러니 올바른 전략을 사용해야 합니다.

누군가가 어려운 시기를 겪고 있다면 당신이 하는 말은 거의 귀에 들어오지도 않을 거예요. 그럴 때 당신이 해야 할 일은 그저 그를 돕는 것입니다.

절대 그 상황을 악용해서는 안 돼요!

중요한 것은 제가 콘솔 게임기를 원했고,
아니, 콘솔 게임기가 꼭 필요했기 때문에,
그것을 손에 넣을 수 있는
완벽한 기회를 찾아야 했다는 사실입니다.

일에 지치고 인내심도 거의 바닥난 상태로 퇴근한 엄마를 붙잡고 콘솔 게임기를 사달라며 보채고 성가시게 굴었다면 콘솔 게임기는 물 건너갔을 거예요.

당신도 시험을 망쳤거나 연인과 결별한 직후라면 아무도 당신에게 부탁을 안 했으면 좋겠지요? 그러므로 우리는 적절한 순간을 기다려야 합니다.

제 경우에는 엄마랑 제대로 얼굴을 볼 수 있는 날까지 기다렸어요. 몇 주 동안 엄마는 엄마대로 저는 저대로 바빠서 자주 마주치지 못 했는데, 주말에는 엄마가 좀 더 여유롭고 평온할 것임을 알고 있었어요. 그건 엄마가 평일보다 더 기분이 좋고 수용적인 상태라는 것을 의미했습니다!

저는 엄마의 자세와 몸짓에 집중하며, 엄마의 전반적인 신체 표현을 알아차리려고 노력했어요.

'엄마가 피곤한가? 신경 쓰이는 일이 있나? 그 반대로 기분이 좋은가?'

이런 노력에 대한 보상처럼 완벽한 순간이 왔습니다!

어느 토요일, 저는 이모들과 밥을 먹고 돌아오는 엄마의 걸음걸이가 달라진 것에 주목했어요. 며칠 전보다 더 가볍고 편안하게 걷더라고요. 엄마는 전반적으로 평소와 다르게 움직이고 있었어요. 제 눈에 엄마는 행복해 보였어요!

저는 이것이 기회이고, 절대 놓칠 수 없는 순간이라는 것을 알아차렸습나다. 그래서 승부를 걸었죠! 엄마에게 새로 나온 콘솔 게임기를 봤는데 너무 갖고 싶다고 말했어요.

이때 떼를 쓰거나 고집을 부리지는 않았습니다. 엄마의 반응을 보니 제 노력이 제대로 작동했다는 걸 알 수 있었습니다. 얼마 뒤 저는 원하던 것을 얻었답니다! 엄마는 제 부탁을 기억했고, 기분 좋은 순간과 연결을 지었어요.

보통 스트레스나 불안감이 없을 때 상대방과의 대화를 더 잘 기억하기 마련이잖아요. 그래서 엄마도 제 말을 잘 기억했던 거죠.

다시 말하지만, 우리가 느끼는 모든 감정은 외부로 표현됩니다. 각각의 감정과 느낌은 정확한 근육의 움직임을 결정하는데 영향을 줍니다. 균형을 맞춰 가면서 우리의 자세를 정할 수 있습니다.

두려움을 예로 들 수 있어요. 무서울 때 비명 지른 적 있나요? 아니면 몸을 움츠리고 눈을 감아 버렸나요?

이건 우리 몸이 우리를 보호하려는 본능적인 반응입니다. 우리가 진짜 위험한 순간에 처하면 내부 장기나 얼굴과 같은 신체의 가장 취약한 부분을 가리게 되죠.

우리가 통제하고 싶지만 할 수 없는 또 하나의 감정은 불안입니다! 무언가로 인해 불안하고 초조해지면 우리 몸은 종종 우리를 "배신"하고 이상한 일을 하기 시작합니다.

땀이 나기 시작하고, 반복적인 동작을 하며, 말하기와 표현하기가 어려워집니다. 심장박동이 더 빨라지기도 하죠.

이것은 위험할 수도 있는 상황에 대처하고자 하는 자연스러운 신체 반응입니다.

검치호랑이에게 쫓겨서 거의 잡아먹힐 지경에 놓인 크로마뇽인이 된 것처럼, 몸은 더 많은 아드레날린을 분비하고, 더 많은 혈액을 펌프질하여 더 빨리 달릴 수 있도록 도와줍니다. 더 빨리 호흡하여 더 많은 산소를 공급하고, 도망치며 달리는 동안 몸이 과열되지 않도록 땀을 배출시킵니다.

하지만 실제 호랑이가 있는 게 아니라 모임에서 좋아하는 남자애를 만나는데 당신의 신경이 곤두선다면, 당신의 몸은 별로 도움이 되지 않을 겁니다.

일반적으로 부정적인 감정은 몸의 근육과 힘줄에 긴장을 일으킵니다. 우리를 경계 태세에 들게 하고 경직되게 만들어요. 부정적인 감정이 우리 몸에 들어와 집세를 내지 않는 세입자처럼 오랜 시간 머무르면, 근육은 불균형을 겪으며 고통받게 될 겁니다. 이는 몸에 매우 심각하고 영구적인 악영향을 미칠 수 있습니다.

스트레스는 우리 몸에 큰 영향을 미칩니다.
스트레스를 받고 우울하며
항상 부정적인 감정을 가진 사람은
그 영향을 매우 뚜렷하게 느낄 것입니다!

계속해서 부정적인 감정을 느끼면 등과 관절이 더 많이 아플 것이고, 잠을 잘 자지 못할 것이며, 고개를 숙이고 몸을 웅크린 채 걸어다니게 될 것입니다.

누적된 감정이 우리를 끊임없이 긴장시키고, 통증을 느끼게 하는 나선형의 소용돌이에 속으로 휘말리게 할 겁니다.

이로 인해 우리는 더 슬퍼지고, 더 신경질적이며, 더 짜증이 나게 될 것이며, 이는 다시 우리의 신체 조직에 악영향을 미치고 더 큰 긴장감에 사로잡히게 할 거예요.

여기에서 비롯된 만성 통증은 아주 많은데, 지속적인 스트레스와 그로 인한 신체와 정신의 피로 말고는 다른 의학적 원인을 찾기 어려운 경우가 있습니다.

우리가 취하는 자세는 멈춰 있는 상태에서만 드러나는 게 아니라 움직일 때도 나타납니다.

몸의 자세를 하나의 한 장면으로 보지 말고 맥락과 움직임 속에서 고려해야 합니다. 그것은 우리가 걷는 방식, 뛰는 방식, 말하는 방식, 잠자는 방식, 운전하는 방식 즉, 모든 일상적인 활동에 영향을 미치거든요.

예를 들어 당신이 어떻게 걷는지 생각해 보세요.

방금 좋은 소식을 들었을 때와 나쁜 소식을 들었을 때의 걸음걸이는 다르지 않나요?

시험을 아주 잘 보고 나올 때와 본인의 이름조차 생각 안 나 백지 답안을 내고 시험장을 나설 때의 걸음걸이가 사뭇 다르지 않나요?

가장 절친한 친구가 배신했다는 소식을 전해 듣고 진지한 대화를 나누러 가는 길이라면 평소와 다르게 걷지 않을까요? 고양이가 아파서 동물병원에 입원시킨 뒤라면요?

우리는 다양한 방식으로 내면의 감정을 표현합니다. 앞에서 얘기했듯이 인간은 사회적 동물이라 서로에게 일어나는 일을 공유하고 싶어 합니다!

방금 연인과 헤어져서 너무 슬프다고
길거리에서 소리 지르는 행동이
수용되지 않는 사회에서 살고 있다면,
사람들은 그런 행동하는 당신을 이상하게 볼 거예요

그러니 우리는 조금 더 섬세한 방식으로
감정을 표현해야 합니다. 어떻게 표현하든
당신이 느끼는 감정의 뿌리는 다르지 않지만요.

화가 나면 우리 몸은 긴장 상태가 됩니다. 더 빨리 걷는다거나, 이를 꽉 깨물고, 이마를 찌푸리는 식의 경직된 표정을 짓습니다. 이런 반응이 반드시 동시에 일어나거나, 화가 날 때마다 일어나는 것은 아닙니다.

하지만 감정이 매우 격해졌을 때 우리가 그것을 제어하려고 노력하지 않으면 이런 반응이 겉으로 드러날 가능성이 큽니다. 노력해도 막을 수 없는 경우도 있습니다.

슬픔에 빠지면 우리는 투명 인간이 되기를 바라는 것처럼 몸을 움츠려 몸집을 작게 보이려는 경향이 있어요.

멍한 눈빛으로 걷고, 입을 앙다무는데, 특히 눈물을 참느라 애쓸 때 이런 모습이 더욱 두드러집니다.

걸음도 더 느려져요. 슬픔이나 우울감이 너무 심하면 아무것도 상관없다는 듯 주변을 전혀 신경 쓰지 않고 걸을 수 있는데, 그러다 의도치 않게 장애물에 부딪히거나 걸려 넘어질 수도 있어요.

반면에 행복도 우리가 움직이는 방식에서 드러납니다. 갑자기 많은 에너지가 생기고 우리 주변의 모든 것이 그 에너지로 물듭니다.

우리의 자세는 곧고 단단할 것이며, 움직임은 유연하고 활기차고 밝을 거예요. 얼굴 근육은 이완될 것이고, 시선은 친근하고 좋은 기분을 드러낼 것입니다. 특히 친밀한 사람들에게요.

행복이 전해지는 자세는
사람들이 당신과 함께 있을 때
더 편안한 감정을 느끼게 한다는 것을 기억하세요!

슬프거나 화난 사람 곁에 있으면 반드시 불편함을 느끼는 것은 아니지만, 그렇게 느낄 수도 있을 것입니다. 현명한 사람들은 그 상황을 어떻게 다룰지 방법을 알고 있어요.

감정은 전염성이 있어서, 우리는 행복한 사람과 함께 있을 때 더 행복함을 느끼는 경향이 있습니다.

지금 당신의 자세는?

○○○

　우리는 행복해 보이는 사람과 스스로 불행하다고 느끼는 사람을 한눈에 구별할 수 있어요. 행복과 불행처럼 순간적으로 느끼는 특정한 감정뿐 아니라 일반적인 성향도 구별할 수 있습니다.

　예를 들어 우리는 누가 내향적인지 외향적인지 구별할 수 있어요. 백 퍼센트 확신할 수는 없어도 어느 정도 짐작할 수 있지요.

　여러 사람이 모여 있는 집단에서 어느 한 명이 시선의 중심이 되어 사람들의 관심을 즐기는 듯 보이고, 나머지 사람들을 격려하고 사회적 상호 작용을 통해 자신의 에너지를 충전한다면, 그 사람은 외향적인 성향일 가능성이 높습니다.

반면 친구들과 만나서 즐거운 시간을 보내는데도 지쳐 보이고, 집단 내 상호 작용을 하는 동안에 주변부에 머물며 그저 몇 번 끼어드는 사람이라면, 당신은 지금 내향적인 사람을 앞에 두고 있는 것일지도 몰라요.

사람의 자세는 그 사람이 어떤 유형의 사람인지에 대한 정보를 제공합니다. 누구의 몸짓이 더 개방적인지, 다른 사람의 상호작용을 유도하는지, 더 조심스럽고 섬세한지, 상대에 대해 알아챌 수 있는 많은 단서가 우리에게 제공되는 것입니다.

또한 우리는 누가 고집이 세고 융통성이 없는지, 유연하고 적응력이 높은지 구분할 수 있습니다. 그것은 단순히 상대가 큰 소리로 말한다고 해서 알 수 있는 것이 아닙니다.

동의하지 않는 무언가가 언급되었을 때, 상대가 어떻게 반응하는지 살펴보세요. 그 사람이 아무 말 하지 않더라도 몸이 뻣뻣해지고, 팔짱을 끼고 있고, 얼굴을 찌푸리며, 전반적으로 모든 것에 대해 마음을 닫고 있다는 신호를 보내고 있지는 않나요? 혹은 당신이 말한 내용을 충분히 고려하고 있고, 개방적이고 사려 깊은 태도를 보이나요?

우리 몸은 우리 자신을 드러내기 마련입니다. 우리가 그렇지 않다고 생각하더라도요.

누가 수줍음을 잘 타고 겁이 많은지, 아니면 자신감 있고 적극적으로 나아가는 진취적인 사람인지 몸의 움직임을 통해 알 수 있습니다. "적극적으로 나아간다"는 표현은 실제 행동을 반영한 것입니다. 주어진 문제에 정면으로 맞설지, 아니면 그냥 넘어가기로 결정하는지에 대한 판단이 우리의 자세에 반영되기 때문입니다.

일반적으로 자존감이 높고 건강한 사람들,
자신과 다른 사람들에게 믿음이 강하며
주변에 긍정적이고 낙천적인 태도를 갖는 사람들은
"확장적인" 자세를 취하는 경향이 있습니다.

자존감이 높은 사람들은 실제보다 더 커 보이고, 더 큰 공간을 차지하며, 사람들의 관심을 더 잘 끌어 냅니다.

당신은 이들과 가까이 있는 것만으로도 환영받는 것 같고, 편안함을 느끼며, 기쁨을 느끼는 것은 물론, 개인적인 공간을 함께 나누도록 초대받은 느낌이 들 것입니다.

그러나 어떤 이유로든 더 불안하고, 더 두려우며, 더 회의적인 사람들은 신체적 태도에서도 다 드러나곤 합니다. 이러한 사람들의 성향은 종종 과거에 겪은 부정적인 경험에 반응하는 것입니다.

마음을 열려고 시도했는데 오히려 어려움을 겪었다거나, 비판적인 평가를 받았다거나, 나쁜 경험을 했다거나 해서 그들은 실제로 아무런 위험도 없는 일상적인 상황에서 두려움을 갖는 거예요. 더 큰 피해로부터 자신을 보호하려고 노력하는 습관이 배어 있다 보니 무의식적으로 그렇게 반응합니다!

그들은 위험한 외부로부터 자신을 보호하려고 몸을 잔뜩 움츠리는 경향이 있습니다.

이와 같은 불안과 두려움의 "껍질"을 깨고 누군가를 끄집어 내는 유일한 방법은 시간과 신뢰를 바탕으로, 더 이상 두려워할 필요가 없다는 사실을 보여 주는 것입니다.

강제로 나아가도록 강요하면 오히려
상처를 받고 나쁜 느낌만 강화될 수 있어요.
이런 사람을 만나게 되면,
인내심을 가지고 열린 마음으로
진심 어린 대화를 나누어야 합니다.

또 다른 성향들도 존재합니다. 역시나 살면서 경험한 것이나 교육받은 방식과 관련이 있는데, 몸의 자세를 통해 쉽게 유추할 수 있어요.

앞서 지나치게 완고하고 비타협적인 사람들에 관해 얘기했어요. 그들은 단 하나의 실수도 용납하지 않고, 모든 것에 지나치게 비판적이고, 자신에게나 다른 사람들에게 지나치게 까다롭게 굽니다! 이것은 자세로도 드러납니다.

사고방식의 경직은 종종 몸의 경직으로 이어집니다. 이는 자신의 생각과 움직임에 대해 확신을 가지고 있다는 것을 의미합니다.

이런 유형의 사람들은 마음을 열거나, 자신이 어떻게 느끼는지 말하고, 다른 사람들을 신뢰하거나 솔직하게 대하는 일을 어려워합니다.

경직된 자세가 자기 자신을 방어하는 방법이거든요.

이들은 인생에서 어려움을 겪으면서, 열린 방식으로 대화하는 것보다 방어적인 것이 더 안전하다는 것을 배웠을 겁니다.

이 사람들은 일종의 감정적인 "가면"을 쓰는 경향이 있습니다. 얼굴에 진정한 감정을 드러내지 않으려고 노력하는 것이죠. 하지만 가면은 결코 완벽하지 않습니다. 심하게 긴장하거나 중요한 사건이 발생하면 가면이 벗겨져 그 너머의 진짜 모습이 보일 수도 있습니다.

이러한 경직성과 반대되는 자세는 유연성일 것입니다.

편안하고, 긴장을 풀고, 평온하게 서 있는 자세와 움직임은 적응력이 뛰어나고 융통성 있으며, 스트레스가 생겨도 영향받지 않고, 세상을 향해 자신의 모습을 있는 그대로 솔직하게 보여 주는 누군가와 마주하고 있다는 것을 보여 줄 수 있습니다.

누군가가 구석에 자리를 잡고, 마치 뼈가 없는 것처럼 의자에 거의 눕다시피 매우 "늘어진" 상태로 있다면, 정말로 졸리거나, 등이 아파서 물리적으로 기댈 곳이 필요하거나, 감정적으로 기댈 곳이 필요해서일 수 있겠죠.

때때로 우리는 자신도 모르게 다른 사람들의 지지를 필요로 하고, 그들에게 신체적으로 의지하게 됩니다.

그것이 우리를 안정시키기 때문입니다.

매우 심각한 경우에는 버림받은 상처를 간직하고 있거나, 자신이 약하고 보호받지 못하는 존재라고 느끼며, 가까운 사람들에게 위안을 얻으려는 사람일 수 있습니다.

이런 사람들은 스스로를 감당할 수 없다고 느낍니다.
이들이 어떻게 행동하고,
세상 속에서 어떻게 자리 잡는지 주목하면
성향을 파악할 수 있습니다.

우리가 사랑하는 주변 사람들에게 든든한 버팀목이 되어 주는 것은 중요합니다. 누구나 조금이라도 도움의 손길이 필요한 순간이 있으니까요.

그런 순간이 왔을 때 마음을 더 닫아 버리거나 더 많은 가면을 쓰고 감정을 숨기는 것이 아니라, 솔직하고 진정성 있게 도움을 요청하면 됩니다. 내가 누군가에게 도움을 줄 수 있을 때 기꺼이 주면 됩니다.

이것은 자세만 아니라 몸 전체에 해당되는 이야기입니다. 특히 시선과 그 시선이 어디로 향하는지도 고려해야 합니다. 앞서, 대화 상대방의 눈을 바라보는 것의 중요성을 확인한 것처럼요.

이런 이야기가 다소 진부하게 들릴지도 모르겠습니다만, 눈은 영혼의 거울입니다! 격언이나 속담에는 전부 이유가 있는데, 이 말도 그렇습니다.

누군가가 당신의 눈을 자연스럽고 기분 좋게 바라보는 것은 당신 눈을 계속 피하는 것과 뚜렷이 구분됩니다.

상대방이 계속 눈을 피한다면 당신이 그 사람을 불편하게 만들고 있다고 생각하거나, 그 사람의 기분이 좋지 않다고 생각하게 될 것입니다.

상대방이 항상 바닥을 내려다보며 당신을 쳐다보기 어려워한다면, 그 사람은 소심하거나 마음이 불안한 사람일 수 있습니다. 지금의 상황 혹은 당신에게 겁을 먹었거나 위협받는다고 느낄 수도 있을 거예요.

이렇게 시선을 계속 피하거나 취약성을 드러낸다면, 감정적 연결에 대한 어떤 두려움을 가지고 있을 수 있습니다.

우리는 친구를 사귀거나 타인에게 마음을 여는 것이 어려운 사람들에게 "위협할 마음이 없다"는 것을 알릴 수 있습니다. 수줍음이 많은 사람들이 낮게 평가되거나 비웃음당하지 않고, 과감히 자기 자신이 될 수 있도록 안전하고 편안한 환경을 조성할 수 있어요.

이 모든 것이 우리 손에 달려 있습니다.

반면 상대의 시선이 지나치게 고정되어 있고 도전적이라면 어떻게 해야 할까요? 지금 불편함을 느끼는 사람이 바로 당신이라면요?

지나치게 단호한 시선은
그 사람이 상황을 통제하려는 면이 있고,
의심이 많으며, 자신감이 넘치기 때문일 수 있어요!
어쩌면 지나치게!

제일 좋은 상황은 솔직하고 개방적인 의사소통의 환경을 만들어서 누구도 방어 태세에 들어가지 않고, 오해가 생기지 않게 하는 겁니다. 우리는 누구에게도 상처를 주고 싶지 않고, 누구로부터 상처받고 싶지도 않아요.

이러한 것들은 자세를 통해 드러날 수 있습니다. 특히 어깨와 등 즉, 우리를 위에서 아래로 지탱하고 몸 안에서 모든 신경을 전달하는 척추 전반을 관찰하면 되거든요. 이것을 살피는 것은 쓸데없는 일이 아닙니다.

누군가 계속 어깨가 축 쳐져 있고, 고개를 숙이고, 그로 인해 종종 등의 통증을 겪는다면 그 사람은 앞서 이야기한 사람들 중 첫 번째 부류에 속할 것입니다. 누군가로부터 상처받을까 봐 두려워하는 사람, 예민한 사람, 어쩌면 자존감이나 자신감이 낮은 사람일 수 있습니다.

만약 그런 사람을 알고 있다면, 그 사람의 감정을 잘 살피고 신경 써서 대하는 것이 중요합니다. 이 사람들은 다른 사람들보다 주변에 더 크게 영향을 받을 수 있기 때문입니다. 이것은 전혀 이상한 일은 아닙니다. 사람마다 상황을 다르게 받아들일 수 있어요.

어떤 사람은 매운 맛을 좋아하지만, 어떤 사람은 고추를 보기만 해도 질색하잖아요. 마찬가지로 무거운 농담이나 외모에 대한 언급도 어떤 사람에게는 괜찮을 수 있지만, 누군가에게는 불쾌함을 줄 수 있습니다.

그와 반대로, 모든 역경 앞에서도 등을 곧게 펴고, 어깨를 약간 뒤로 젖히고, 가슴을 내밀고 있는 사람은 용감하고 심지어 도전적인 태도를 갖추고 있음을 암시합니다!

어쩌면 그 사람은 지나치게 자기방어적이라 다른 사람과의 충돌도 망설이지 않는 성향을 지녔을지 몰라요.

이런 자세는 많은 상황에서 유용할 수 있습니다만, 실제로는 전혀 그런 의도가 아닌데도 상대방에게 싸움을 걸고 있다고 오해받아 곤경에 빠질 수도 있습니다. 그렇죠?

일상 속에서 우리 자신을
신체적으로, 언어적으로 정확하게 표현하면
놀라운 차이를 만들어 낼 수 있습니다.

당신이 다른 사람들에게 어떤 인상을 주는지 알고, 사람들의 자세와 표현을 통해 상대가 어떤 사람인지 아는 것은 관계에 있어 아주 유용합니다. 이는 대인관계를 더 쉽게 맺을 수 있게 합니다. 사람들이 당신과 함께 있을 때 더 편안하고 기분 좋게 할 수 있어요!

이런 추상적인 이야기로는 확실하게 이해하기 어려울 수 있습니다. 당신이 아는 사람이나 예전에 만났던 사람, 영화나 드라마에서 본 적 있는 사람들을 떠올리면 좀 더 쉽게 이해할 수 있을 거예요. 이들 모두가 특정한 성향을 가지고 있으며, 그 성향이 몸짓이나 자세에 반영됩니다.

예를 들어, 수학을 아주 좋아하는 학생이 맨 앞줄에 앉아서 선생님에게 집중하고 있다고 해 봅시다. 그의 모든 신체 언어는 선생님을 향할 거예요. 선생님의 등, 얼굴, 눈을 향하고, 심지어 발이 향하는 방향까지도요!

하지만 이 학생은 매우 수줍음이 많고, 친구가 그리 많지 않습니다. 사람들이 "공부벌레"라고 부르며 거리를 두기 때문이죠. 이 학생은 상호 작용에서 위축되어 보일 수 있어요. 다른 사람들과 얘기 나누는 대신, 구석 자리에 서서 고개를 숙이고 바닥만 보고 있을지도 모릅니다.

교실에는 여러 유형의 사람이 있을 거예요.
아무것도 신경 쓰지 않고 관심을 두지 않으며
맨 뒷줄에 눕다시피 앉아 있는
전형적인 "방관자"가 있을 수 있습니다.
어쩌면 도움을 요청할 엄두조차
내지 못하는 것일지도 모르니
더 많은 관심이 필요할 수 있습니다.

항상 모든 일에 슬퍼하는 감성적인 사람도 있고, 발을 질질 끌고 복도를 거닐며 짝사랑하는 사람이 자신을 무시하고 떠났다고 토로하는 사람도 있어요.

자기가 최고라며 잘난척하는 사람도 있고, 비둘기처럼 가슴을 내밀고 다니는 사람도 있고, 지나가는 모든 여자애들을 유혹하려고 애쓰는 사람도 있어요. 모두가 그의 번하고 한심한 모습을 비웃고 있다는 사실을 자신만 모르고 있죠!

반 분위기를 띄우려고 바보 같은 장난을 치는 사람도 있는데 때로는 선을 넘거나, 다른 사람의 개인 공간을 침범하거나, 민감한 주제에 시답잖은 농담을 던지기도 해요.

자기 세상에 빠져서 어떤 일에도 영향을 받지 않으며, 모든 일에 수월하게 지나가고, 심지어 운석이 떨어져도 행복하게 웃고 있을 사람도 있습니다.

반에서 가장 인기 있는 사람은 진짜 매력적이고, 친절하고 착해서일 수도 있지만, 사악한 의도를 품고서 주변 사람들을 위협하거나 겁먹게 하는 존재일 수도 있어요.

세상에 자신을 드러내는 서로 다른
수천 가지의 방식이 있습니다.

주위에 있는 사람들 – 같은 반 학생들, 동네 이웃들, 뭉쳐 다니는 무리를 떠올려 보세요.

당신이 아는 사람들을 하나씩 떠올려 보세요.

그들이 평소 어떻게 움직이는지, 어떤 몸짓을 하고, 또 어떤 몸짓을 하지 않는지 분석해 보세요.

그들의 자세와 성격과 일치하나요?

당신의 경우는 어떤가요? 가까운 사람에게 당신의 자세, 걷는 방식, 당신이 자신을 어떻게 표현하는지에 대해 물어볼 수 있습니다. 상대방이 거리낌없이 대답할 수 있도록 다른 말은 하지 마세요!

그들이 당신에게 솔직하게 말을 해 준다면, 당신이 의식적으로든 무의식적으로든 세상에 어떤 메시지를 전하고 있는지 알 수 있습니다. 사람들이 저마다 다른 의견을 내놓는다면, 그 또한 분석해 볼 좋은 주제이죠. 상황에 따라, 누구와 어디에 있느냐에 따라 다르게 행동하고, 전달하는 메시지도 다르니까요.

특별한 상황에서 당신이 전달하는 메시지에 더 큰 자신감, 더 큰 안전함, 더 큰 기쁨이 전해지길 원하나요?

그렇다면 자세를 바꾸세요. 큰 도움이 될 겁니다!

이미 알고 있겠지만, 이것은 외모와 무관한 문제입니다. 키가 작아도 거대한 존재감이 있어서 입장하는 순간 어떤 방이든 가득 채우는 힘과 자신감을 보여 주는 사람이 있듯이, 키가 크고 근육질인 사람 중에서도 작고 겁먹은 듯한 인상을 주는 사람이 있습니다.

키가 얼마나 큰지, 얼굴이 잘 생겼는지,
힘이 얼마나 센지는 중요하지 않습니다.
우리가 제어할 수 있는 것은 내면에 있습니다.
자신이 어떤 사람인지, 무엇을 전달하고자 하는지
그것이 중요한 것입니다.

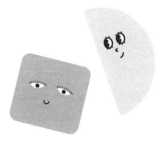

10

자세, 자세를 바로잡아요!

앞에서 "억지로라도" 웃으면 더 행복하게 느끼게 된다고 말했는데요. 네, 맞아요, 사실입니다.

제가 해 봤는데 진짜 그래요!

친구들도 저의 변화를 곧바로 알아차렸어요. 힘들거나 지루한 하루를 더 긍정적으로 보내는 데도 도움이 되더라고요. 전반적으로 확실한 차이를 느낄 수 있어요.

집에서 혼자서라도 시도해 보면 좋겠어요.

이처럼 특정한 목적을 가지고 우리의 자세를 의도적으로 바꾸면 긍정적인 효과를 얻을 수 있다는 사실을 알 수 있습니다. 웃음이 이런 효과를 가져온다면 다른 것들도 효과가 있을 거예요.

"될 때까지 그런 척이라도 해. Fake it til' you make it."

이것은 "당신이 아직 그 지점에 도달하지 못했다 해도 상관없어요. 일부러라도 그런 척하세요!"라는 뜻입니다.

만약 당신이 잘난 사람인 척, 강철 같은 자존심이 있는 척, 자신의 능력과 기술에 대해 극도로 확신하는 척 행동한다면, 자신이 정말 그런 사람이라고 점점 믿게 될 거예요.

이런 효과는 반대로도 똑같이 적용됩니다.

음, 하지만 반대로는 생각하지 마세요.

스스로가 실패자라고, 아무짝에도 쓸모없는 사람이라고, 뭘 위해서든 시도조차 하지 말아야 한다고 끊임없이 반복해서 생각한다면, 그게 당신이 할 수 있는 유일한 생각이 될 테니까요!

의도적으로 긍정적인 생각을 하고, 그것을 드러내는 태도를 취하면서 생각을 훈련하세요.

운동을 통해 몸을 단련하는 것과 같아요. 운동을 하면 할수록 움직임이 점차 더 쉬워지고, 근육통도 줄어들죠.

생각도 마찬가지입니다. 훈련을 계속할수록 스스로를 더 능숙하게 다룰 줄 알게 되며, 당신의 강점과 약점을 알게 됩니다. 약점을 보완하기 위해 몸뿐만 아니라 마음에서도 최대한 훈련해야 합니다!

당신의 자세와 감정을 바로잡을 수 있는 몇 가지 핵심적인 내용을 소개합니다.

1
꾸준함

꾸준함은 우리가 달성하고자 하는 거의 모든 일에 있어서 필수적인 요소입니다. 운동을 예로 들어 보죠.

어느 날 체육관에서 첫날부터 100킬로그램 바벨을 들어 올리려고 죽기 살기로 힘을 쓴다면, 이튿날 아침에 근육통으로 인해 침대에서 일어나지 못할 가능성이 매우 큽니다. 야수처럼 격렬하게 움직였기 때문에 부상을 입었을 수도 있습니다! 며칠 동안은 바벨을 들어 올리는 근력 운동 따위를 하고 싶은 마음이 사라질 것입니다. 팔을 조금 들기만 해도 눈 앞에서 별이 왔다 갔다 할 지경일 테니까요.

그러니 쉽게 실천할 수 있는 일상적인 활동부터 시작하는 것이 훨씬 낫지 않을까요?

이루기 쉬운 목표를 세우면, 목표를 달성했다는 만족감과 긍정적인 기운을 쉽게 얻을 수 있습니다. 계속 그렇게 해나가도록 스스로를 격려합니다.

그다음 날에도, 또 그다음 날에도, 또 그다음 날에도 천천히 그리고 제대로요. 무작정 하는 것보다는 훨씬 나을 거예요.

이것은 자세와 태도의 변화에 똑같이 적용됩니다. 하루 아침에 우울하고 무기력한 상태에서 자신감 넘치는 모습으로 바뀔 수는 없습니다.

하지만 조금씩 등허리를 펴고 몸을 곧게 세워서 자신감 넘치는 모습을 보이면, 다른 사람들도 그걸 알아차리고 긍정적인 반응을 보일 겁니다. 그렇게 긍정적인 순환으로 이어질 거예요.

당신이 좀 더 사교적인 사람이 되고 싶다면, 사람들의 눈을 조금 더 오래 보는 연습을 해 보세요.

편안하게 눈을 바라볼 수 있는 사람, 당신 곁에 있어 줄 수 있는 사람들에게 먼저 시도해 보세요.

이들은 당신이 눈을 마주칠 때 편안함을 느낄 수 있도록 도와줄 수 사람들입니다. 만약 당신이 과도하게 눈을 쳐다봐서 정신 나간 것처럼 보인다면, 그들은 그 사실을 알려 주고 도움을 줄 겁니다.

당신이 스스로에게나 다른 사람들에게 지나치게 단호하고 엄격하다면 좀 더 편안하고 개방적인 자세로 전에 시도하지 않았던 변화를 모색해 보세요.

어떤 경우든 인내심을 가져야 해요.

처음부터 잘되지 않아도 자책하지 마십시오.

천천히 꾸준히 나아가세요!

2
한계와 가능성

미안하지만 자세 교정은 마법이 아닙니다. 기적을 원한다면 다른 곳에서 찾아야 할 거예요.

제가 말하고 싶은 건, 지금 겪고 있는 상황이 심각하거나 심리적인 문제에서 비롯된 것이라서 전문가 혹은 네트워크의 도움이 필요하다면, 자세를 바꾸는 것으로 모든 문제를 해결할 수 없다는 거예요.

그러니 자기 자신에게 솔직해지는 것이 정말 중요해요. 다른 사람들에게도요!

당신이 매우 불안정한 이유가 왕따나 학대, 혹은 심각한 트라우마로 인해 자존감이 무너졌기 때문이라면, 태도의 변화와 함께 전문가와의 심리 상담이 진행되어야 합니다. 시간이 (안타깝게도 돈도) 든다는 말입니다.

"건강한 몸에 건강한 정신이 깃든다."는 말은 상호적인 의미입니다. 정신이 건강하지 않으면 몸도 건강할 수 없어요. 반대의 경우도 마찬가지입니다.

그러니 우리 몸과 몸의 무게를 정확하게 파악하는 것이 매우 중요합니다. (지금 내가 말하는 건 '뚱뚱한 게 문제'라는 지적이 아니에요.)

좋든 싫든 이번 생에서 우리에게 주어진 것은
바로 지금 이 몸입니다.
우리가 할 수 있는 최선은
이 몸을 세상을 살아가는 도구로 잘 활용하고,
이 몸을 사랑하는 법을 배우는 것이죠.
우리가 음악을 듣고, 영화를 보고,
사랑하는 사람과 키스를 하고,
맛있는 음식을 먹는 것 같은
멋진 일들을 가능하게 해 주니까요.

그러니 우리는 몸을 이해하고 더 잘 알아야 합니다. 몸이 전반적으로 어떻게 작동하는지, 우리가 하고자 하는 모든 일에서 최상의 결과를 어떻게 얻을 수 있는지, 그 방법을 더 잘 알기 위해서입니다.

몸에 대한 이해는 상황을 긍정적으로 만드는 좋은 첫걸음입니다. 관성과 습관에 휩쓸리는 대신, 우리 몸과 몸의 중요성을 의식해야 합니다.

몸을 잘 활용하고 그 몸을 통해 조화롭게 살아가야 합니다. 그래야 원하는 목표를 달성할 수 있을 겁니다.

3
자세를 중요하게 여기세요

당신의 자세만큼 다른 사람들의 자세도 신경 써서 살피세요! 우리는 나쁜 경우와 좋은 경우 모두를 다른 사람을 통해 배웁니다. 여러 경험들을 통해 자세를 익히게 되죠. 여기에는 의심의 여지가 없어요.

우리는 한 권의 책과 같은 존재입니다. 종이에 글자로 기록되는 것처럼, 우리 몸에는 지난 세월과 경험이 새겨졌습니다. 자세는 현재 우리가 누구인지는 물론, 우리가 어떤 사람이었고, 앞으로 어떤 사람이 될지도 말해 줍니다.

우리의 과거, 우리의 성격 그리고 지금 이 순간까지 살아온 삶에 관해 이야기해 주는 거죠.

자세가 당신을 '당신이라는 사람'으로 만드는 것입니다.

우리 몸에 저장되는 모든 것들은 머릿속에 기억을 저장하는 것과 같아요. 마치 책처럼, 다른 사람들이 우리를 읽을 수 있고 우리도 다른 사람들을 읽을 수 있습니다.

우리의 어깨 위치는 책의 표지와도 같은 것입니다.

자세는 우리의 삶에서 치른 전투 – 승리한 전투, 패배한 전투 즉, 우리가 겪은 문제, 해결한 문제, 여전히 짊어지고 있는 문제에 대한 아이디어를 제공해 줍니다.

우리가 마음속에 품고 있는 원한, 심지어 우리 자신을 부정하는 원망의 감정까지도 이야기합니다.

우리가 수줍음이 많은지, 개방적인지, 친근한지, 조심스러운지, 잘 웃는지, 공격적인지 우리의 성격을 설명하기도 하죠.

그러니 우리는 자세를 중요하게 여겨야 합니다. 자세를 통해 무엇을 이룰 수 있을지 생각해야 합니다.

바로 지금이 우리를 변화시키는 자세의 힘과 능력을 인식하는 순간입니다. 기억하세요. 우리의 성격은 자세로 기록됩니다. 외부로부터 받은 자극과 우리가 반응하는 방식도 마찬가지고요!

4
눈에 잘 띄지 않고 숨어 있는 것들

이것도 자세에 관한 이야기가 맞아요. 자세는 말이 아닌 의사소통 중에서 가장 쉽게 관찰하고 해석할 수 있는 요소라고 생각하겠지만, 그렇지 않아요.

절대 과장하는 게 아닙니다. 경우에 따라 미소나 눈물보다 자세를 감추기가 더 어렵거든요!

모두가 어느 정도 웃는 척할 수 있습니다. 일부러 눈물을 터뜨릴 줄 아는 사람들이 있기도 하고요. 대개 얼굴 표정은 우리가 잘 알 수 있는 분명한 것이지만, 자세는 무의식적으로 들어옵니다. 우리가 깨닫지도 못하는 사이에 우리 뇌는 이 정보를 받아들이고 처리합니다. 비록 그것이 눈에 띄지 않는 것처럼 보일지라도 말입니다.

이건 우리가 의도적으로 하는 행동이 아니기 때문에, 이 감각에 대한 응답 역시 자동적으로 이뤄집니다.

때로는 왜 그런지 이유를 모르더라도 어떤 사람에게서는 불길한 느낌을 받기도 하고, 어떤 사람에게는 매우 좋은 느낌을 받아 서로 잘 맞는다고 느끼기도 합니다.

누군가는 뭔가 숨기고 있다는 생각이 들어서 신뢰하지 않기도 합니다. 이것은 뇌가 우리도 모르게 무의식적인 정보를 우리에게 제공하기 때문입니다.

자세가 우리에게 보내는 이러한 신호들과 메시지들은 대화 상대가 어떤 상황이나 사람, 바로 당신에 대해 느끼고, 생각하고, 판단하는 것과 관련이 있을 수 있습니다.

만약 우리 자신에게 주의를 기울이면 어떻게 될까요?

무의식적인 해석을 의식적인 해석으로 전환한다면, 우리가 놓치고 있었던 것들에 대해, 우리의 자세로 다른 사람들에게 제공하는 정보에 대해 더 많이 이해할 수 있을 거예요.

자세를 절대 과소평가해서는 안 됩니다!

다른 사람의 자세에서 무엇을 확인할 수 있는지 예를 들어 볼게요. 이걸 보면 확실히 더 잘 이해될 거예요.

여러분에게 로레나, 알렉스, 누리아를 소개하겠습니다.

먼저 그들의 자세와 신체 언어만 이야기할 테니, 그게 어떤 의미일지 추측해 보세요.

로레나는 알렉스와 누리아를 만나기로 약속한 공원에 조금 늦게 도착했습니다. 로레나는 아주 심하게 손톱을 물어뜯고 있어요. 알렉스는 로레나를 봤지만, 눈을 마주치지 않고 땅만 내려다봐요.

알렉스는 누리아의 손을 잡고 있었고, 누리아는 등을 곧고 단단하게 펴고 꼿꼿한 자세로 있어요. 누리아는 인사를 건네는 로레나의 눈을 빤히 봅니다.

"안녕, 얘들아."

로레나는 귀에 손을 대고 귓불을 살짝 잡아당기며 말했습니다.

"미안, 많이 기다렸지?"

"뭐, 조금."

누리아가 대답했어요. 그러곤 가슴 높이에서 팔짱을 낍니다.

"좋아. 이제 다 모였네."

알렉스는 여전히 누구의 눈도 똑바로 쳐다보지 않고 턱을 만지작거리며 수염을 내리쓸어요.

"그러네."

그가 말했어요.

"우리 다 여기 있네."

"잘됐다. 그렇지 않아?"

누리아가 깍지를 끼며 말했습니다.

"드디어 우리 셋이 모였네. 이게 얼마만이니! 물론 너희 둘은 수업시간에 더 자주 만나긴 하지만 우리 셋이 만난 건 정말 오랜만이잖아."

"그래…… 정말 오랜만이지."

로레나가 말했어요. 그런 다음 곧바로 눈을 내리깔아요.

알렉스는 춥지도 않은데 손을 비벼 댑니다.

"누리아, 무슨 말을 하려고 그래? 우리가 들으면

깜짝 놀랄 소식이 있다고 했잖아.”

“아, 그래.”

누리아가 말했습니다.

“이리 와서 앉아. 얘기해 줄게.”

누리아는 자리에 먼저 앉아요. 그런 다음 두 손을 머리 뒤에 얹은 채 두 사람이 앉기를 기다려요.

로레나는 앉아서 몸을 웅크리고, 알렉스는 다리를 꼰 다음 발을 위아래로 가볍게 까딱거려요.

“토요일이 내 생일이야.”

누리아가 말했습니다.

“그런데 오늘, 내 자신에게 선물을 하려고 해. 너희 둘은 나를 도울 거고.”

알렉스는 누리아 쪽으로 고개를 기울입니다.

“너 자신에게 주는 선물?”

“그래. 너도 나한테 줄 깜짝 선물이 있다는 거 알고

있으니까, 걱정하지 마."

누리아가 덧붙여 말했습니다.

"나 다 알고 있어."

알렉스가 물었습니다.

"다 안다니? 무슨 뜻이야?"

누리아는 다리를 누르며 깊게 숨을 들이마십니다.

"알렉스, 내가 나에게 줄 선물은 바로 너와의 이별이야."

그녀가 말했습니다.

"네 거짓말을 참는 거 이제 그만 하려고. 넌 그냥 로레나와 같이 꺼져 버려. 너랑 로레나가 두 달 동안이나 날 속이고 있다는 거, 나 다 알아. 알겠니? 너희가 나 몰래 만나는 걸 내가 다 알고 있었다고. 난 갈 테니까 너희 둘은 계속 여기 있어!"

어떤가요? 앞의 장면에서 말이 아닌 자세와 몸짓에서 진짜 의미를 알아냈나요?

알렉스와 로레나가 무언가를 숨기고 있다는 사실을 누리아가 말하기 전에 짐작했나요?

로레나가 친구를 배신한 것에 대해 죄책감, 초조함, 불안함을 느낀다는 것을 포착했나요?

누리아가 처음부터 모든 걸 알고 있고, 상황을 지배하고 있다는 사실을 알아차렸나요?

알렉스가 가능한 늦게까지 누리아의 말을 듣고 싶어 하지 않는다는 사실을 눈치챘나요?

이것 말고도 더 많은 것들을 말이 아닌 것들, 자세로 알 수 있습니다.

누군가가 로레나처럼 계속해서 아래쪽을 내려다보고 당신의 시선을 피한다면, 아마도 무언가를 숨기거나 자기 눈에 쓰여진 것이 남들에게 보여지는 것을 부끄러워하는 것일 것입니다.

손톱이나 손가락 피부를 강박적으로 물어뜯는다면, 손을

자주 문지르거나, 손가락을 어떤 표면에 가볍게 톡톡톡 두드리는 것처럼 초조하고 불안할 가능성이 높습니다. 자존감이 낮거나 조바심을 느끼는 것일 수 있죠.

반면 누리아처럼 똑바로 걷고, 두 손을 머리 뒤에 받치고 깍지를 낀다면, 그것은 자신감과 확신, 권위와 자존감을 의미합니다. 특히 경계하면서도 기대하는 태도로 팔짱을 끼고 있는 자세와 결합하면 더욱 그렇습니다.

주변 사람들의 자세에 주의를 기울이세요!
이렇게 중요한 비밀을 알아낼 수 있어요.
모든 것이 말이 아닌 의사소통에 달려 있어요!

11

태도가 말해 주는 것

○○○

태도라고요?

지금까지 몸짓과 자세에 대해 얘기하고 있지 않았나요?

태도가 신체 언어와 무슨 관련이 있죠?

당신은 이렇게 묻고 싶을지 몰라요.

사실 이 모든 것은 다 관련이 있습니다! 의도적으로 자세를 바꾸면 태도와 감정도 조금씩 변할 수 있다는 사실을 앞에서 확인했습니다. 그렇죠?

그런데 그 반대도 가능하다면요? 논리적이지 않나요?

우리가 삶을 대하는 방식이나 살면서 발생하는 상황을 바꾸거나 바꾸려고 노력한다면, 자연스럽게 자신을 표현하는 방식도 바꿀 수 있습니다. 심지어 무의식적으로도요!

우리는 말이 아닌 언어를 습득하려고 노력하고 있으니 이것도 똑같이 해 보면 어떨까요?

우선 태도란 무엇일까요?

한 사람의 태도란 '일반적으로 삶에서 보여지는 행동'으로 정의할 수 있어요. 매우 모호하게 들릴 수 있지만, 사실 눈에 보이는 모든 것이 태도입니다. 일을 어떻게 받아들이는지, 어떤 방식으로 다른 사람에게 영향을 미치는지, 무언가에 충격을 받았을 때 첫 반응은 무엇인지⋯⋯. 이 모든 것이 바로 태도입니다!

믿거나 말거나지만, 태도는 훈련을 통해 바꾸는 것이 가능합니다. 사실 태도는 지금까지 학습된 내용이나 우리의 가족, 친구, 가까운 지인들의 행동 방식에 큰 영향을 받습니다. 하지만 우리가 스스로 어떤 결정을 내리는지에 따라 정해지는 부분도 있어요.

예를 들어, 룸메이트가 좀 지저분하고 설거지도 전혀 하지 않는다면 당신은 화가 나겠죠. 그 화를 각기 다른 방식으로 표출할 수 있습니다.

접시를 그 친구 머리에 던져서 응급실로 보내 버릴 수도 있겠고 (이건 비추천, 폭력은 해결책이 아니니까요.) 묵묵히 고통을 참으며 아무 말 않은 채 "청소하라."는 하늘의 계시가 그에게 내려지기를 기다릴 수도 있으며 (특히 기숙사인 경우 그렇게 될 확률은 매우 낮음.) 그에게 단호하고 당당하게 이렇게 말할 수 있습니다.

"너도 알고 있는지 모르겠지만 여긴 집이지 쓰레기장이 아니야. 그러니 이제부터 청소를 할지, 다른 룸메이트를 찾을지 네가 결정해."

이렇게 말하면 매우 쉬워 보일 거예요. 그런데 역대급으로 지저분한 룸메이트를 만난 게 벌써 서른 번째인데, 경제적으로 여유가 없어서 매우 비싼 방세를 함께 내야 하는 상황이라면 어떨까요? 그 더러운 친구의 얼굴에 접시를 던지고 싶을지도 모릅니다.

혹은 룸메이트들이 당신을 계속 끔찍하게 대하고, 당신

을 이용하고, 여느 사람들처럼 깨끗한 집에서 살고 싶어 하는 당신에게 문제가 있다고 생각하게 만든다면요?

이런 경우라면 진지하게 잘못을 지적하기가 어려울 겁니다. 더 나쁜 일이 생길까 봐 두려울 테니까요.

이렇듯 우리의 태도는 우리의 경험에서 비롯되지만, 우리가 처한 상황에도 영향을 받습니다.

친구를 한 대 치고 싶은 충동이 들 수 있지만,
그게 최선의 방법인지 생각해 봐야 합니다.
침묵하고, 짓밟히고, 그저 참기만 하는 게
더 편할 수 있습니다.
하지만 당신을 괴롭히는 사람들이
저절로 나아지기를 잠자코 기다리기보다,
숨을 깊게 내쉬고 진지하게 이야기하는 것이
나을 수 있습니다.
주변의 지원과 내 자신의 노력을 통해서요.

자, 당신은 삶에 대해 어떤 태도를 갖고 싶은가요?

이 질문에 대한 답이 "나는 대단히 비관적인 태도를 가지고 싶어요. 모든 것에 영향을 받으면 좋겠고 매일 구석에서 울고 싶습니다. 그러면 완벽할 것 같아요."는 아닐 것입니다. "나는 나쁜 태도를 가진 나쁜 놈이 되어 만나는 모든 사람을 이용하고, 조종하고, 고통스럽게 만들고 싶어요."도 아닐 것입니다. (만약 그렇다면, 이 책을 덮고 전문가의 도움을 구해 보세요.)

나는 당신이 가지려는 태도가 조금 더 긍정적인 방향일 거라 확신해요, 그렇죠?

그러니 어떤 유형의 태도가 존재하며, 어떤 태도에 접근하고 싶은지, 어떤 태도가 더 매력적이라고 생각되는지 살펴봅시다.

앞에 나온 '청소를 하지 않는 룸메이트 이야기'를 떠올려 보세요. 전혀 매력적이지 않죠? 그런 나태하고 부주의한 태도는 사람들과 멀어지게 만듭니다.

반면 자신의 일과 다른 사람과 함께 쓰는 공간을 잘 관리하는 성숙함을 보여 주는 사람은 사랑받습니다!

이것은 하나의 예시일 뿐, 더 많은 태도가 있다는 걸 알게 되면 태도가 어떻게 작동하는지 알 수 있을 거예요. 그런 다음 긍정적인 태도를 받아들이고, 나쁜 충동이 생기더라도 그것을 자신이 원하는 방향으로 조절할 수 있을 거예요.

처음 떠오르는 본능은 우리가 원하는 것과 다를 수 있어요. 의식적으로 노력해서 목표에 부합하도록 바꿀 수 있습니다. 이런 식으로 우리는 우리가 원하는 사람이 될 수 있어요. 목표를 달성하고, 무의식적으로 나오는 반응들을 올바른 방향으로 계속 바꿔 갈 수 있습니다!

항상 건전한 자기 비판을 해야 하지만, 그게 지나쳐서는 안 됩니다. 당신이 완벽하다거나 결점이 없다고 믿거나, 당신이 최악이고 더 이상 아무런 해결책이 없다고 생각하지 말아요. 둘 다 사실이 아니니까요.

우리는 우리가 처한 상황들, 우리를 둘러싼 사람들, 지금 수업 중이거나 집에 있거나 하는 상황에 따라 여러 가지 태도를 가지게 됩니다.

따라서 잘하고 있는 점과 개선해야 할 점이 있을 것입니다.
아래의 태도들을 한번 살펴봅시다!

① 긍정적인 태도

긍정적인 태도는 자신과 주변 사람들에게 가장 이로운 태도 중 하나입니다. 여기에 대해 의심할 여지는 없어요. 긍정성은 전염되기 때문이에요.

당신의 태도는 주변 환경에 영향을 받아 형성되었을 거예요. 긍정적인 에너지로 둘러싸인 환경에서 자랐다면, 당신의 친구들은 항상 긍정적인 면을 찾으려고 노력하는 멋진 사람들일 겁니다.

미소를 잃지 않는 것이 중요하다고 배웠다면, 당신이 사랑하는 사람들도 그렇게 생각하려고 노력할 것입니다!

긍정적인 태도를 가지고 있으면, 어려움이 있더라도 주

변 상황이나 자극을 긍정적이고 낙관적으로 해석합니다.

쉬운 이야기로 들리나요? 실제로는 전혀 쉽지 않아요!

그렇기 때문에 긍정적인 태도를 가진 사람들을 소중히 여겨야 합니다. 이런 사람들은 상당히 드물죠. 이들은 건강한 방식으로 자신감을 갖고, 규율도 잘 따르며, 건강하게 자신의 목표를 추구합니다. 엄청 멋지죠!

2
부정적인 태도

이 태도는 긍정적인 태도와 반대됩니다. 현실을 비관적이고 부정적으로 바라보는 거죠.

어떤 상황이든 긍정적인 측면을 중시하지 않거나 전혀 고려하지 않고, 모든 것의 나쁜 면만을 찾습니다. 사물의 나쁜 면만 보고, 문제를 피하려 하고, 불평하려 하죠.

이런 태도를 가지고 있으면 목표를 달성하는 데 훨씬 어려움을 겪을 것입니다.

이는 긍정적인 태도와 마찬가지로 전염성이 있어요!

당신 주변의 모든 사람이 항상 이런 방식의 태도를 가졌다면 이런 경향을 떨치기 매우 어려울 수 있습니다.

때로는 '자기 충족적 예언(self-fulfilling prophecy)'이라고 불리는 것에 빠지기도 합니다. 이것은 뭔가가 잘못될 거라고 생각하고 스스로에게 계속 그 생각을 들이밀면 결국 나쁜 결과를 얻게 되는 것을 뜻합니다.

잘못될 거란 생각을 따라가면, 부정적인 생각이 옳다는 느낌이 강화됩니다. 악순환을 일으키는 부정적 감정이 더욱 깊어지고 고립될 가능성이 높습니다.

당신의 삶에서 이러한 태도를 갖게 하는 요인이 있다면 당장 바꿔 보세요! 친구든, 가족 구성원이든, 당신을 혹사시키는 직장이든, 당신을 못살게 괴롭히는 동료이든…….

우리 자신을 위해서라도 부정적인 생각을 뒤로하고, 그 구렁텅이에서 벗어나도록 노력해야 합니다!

3
중립적인 태도

0도: 춥지도 덥지도 않음.

너무 긍정적이지도, 너무 부정적이지도 않음.

실제로는 매우 드물게 나타나는 태도입니다. 인간은 감정적인 동물이니까요. 아무리 이성적이라도 좋든 나쁘든 우리에게 영향을 미치는 것들은 존재하기 마련입니다.

공정하게 가치 판단을 하고자 할 때는 중립적인 태도를 취할 수 있습니다. 자신과 직접적으로 관련 없는 문제에는 중립적이기 쉬워요. 하지만 당면한 문제가 자신에게 큰 영향을 주거나 매우 중요한 것이라면, 필연적으로 중립적이기 어려울 것입니다.

모든 경우에 중립적이어야 하는 건 아닙니다.

예를 들어, 중국에 사는 판다의 멸종에 관해 이야기할 때 "모든 판다가 멸종되는 것"과 "판다가 멸종되지 않는 것"

사이의 중간 지점이 "멸종되더라도 조금만 멸종되는 것"일 수 있는데, 이것은 말도 안 되고 합리적인 입장도 아닙니다.

지나치게 중립적인 태도를 취하는 사람은 매사 무관심한 사람이거나 주변의 문제를 그다지 중요하게 여기지 않는 사람으로 인식될 수 있습니다.

중립적인 시각을 필요로 하는 사안에 공정한 태도를 가지는 건 흔하지 않지만, 반드시 가져야 할 태도입니다.

4
능동적인 태도

자연스럽게 능동적인 태도를 가지려면, 당신은 자라면서 스스로 문제를 해결할 수 있고, 자신의 노력을 통해 상황을 개선할 수 있다는 것을 배웠어야 합니다. 반드시 이 경우에만 능동적인 태도를 가질 수 있는 것은 아니지만요.

진정으로 자발적이고 적극적인 사람을 만나는 건 매우 드문 일입니다. 그들은 리더입니다. 능동적이고 자율적으로 자신이 하는 일을 개선하고, 갈등을 해결하며, 마주한 장애물을 극복하고, 앞으로 나아가는 길을 모색하는 사람들입니다. 이들은 창의적이고, 도전을 좋아하며, 새로운 것을 추구하는 사람들입니다.

면접 가이드에서는 "능동적인 태도가 구직에 도움이 된다"고 말할 것입니다. 이런 태도를 가지고 있으면 회사에 더 많은 이득을 가져다줄 것이니까요.

다만 우리는 이 세상에 혼자 있는 것이 아니라는 사실을 잊어서는 안 됩니다. 지나치게 공격적이고 경쟁적이며 목표지향적인 사고방식을 가지면 때때로 다른 사람의 도움이 필요하다는 사실을 잊거나, 도움이 필요한 사람에게 도움 주기를 거부하는, 이기적이고 공감 능력이 부족한 사람이 될 수 있습니다.

5
반응적인 태도

반응적인 태도를 가진 사람들은 뭘 해야 하는지 일러 주지 않으면 아무것도 하지 않지만, 일단 지시를 받으면 망설임 없이 실행에 옮깁니다.

이들은 규칙을 따르는 것이 중요한 환경, 즉 매우 까다롭고 엄격한 환경에서 자랐거나, 자신의 아이디어를 실행에 옮길 에너지가 없을 수 있습니다. 또는 극심한 스트레스 상황이 자신감 없는 태도를 강화시킬 수도 있습니다.

이러한 태도를 계속 보이면 여러 문제들에 가로막힐 수 있고, 다른 사람에게 지나치게 의존하게 되고, 심지어 순응주의자로 인식될 수 있어요.

이상적인 것은 이쪽이든 저쪽이든 극단으로 빠지지 않는 것입니다. 즉, 언제 지시를 따라야 하는지, 어떻게 주변 환경에 반응해야 하는지, 우리 자신의 길을 가야 하는 순간이 언제인지 아는 것입니다.

6
이기적인 태도

무엇에 대해 이기적이라는 것일까요? 자신의 목표를 이루는 것에 대해서요!

우리가 어떤 사람을 두고 이기적이라고 말하는 건, 그 사람이 자기 자신, 자기 밥그릇에만 관심이 있고 주변 사람들을 전혀 신경 쓰지 않기 때문입니다.

이들은 주변 사람들을 목표 달성을 위한 도구로 여깁니다. 다른 사람의 필요를 고려하지 않거나, 만약 고려하더라도 자신의 필요보다는 덜 중요한 것으로 여깁니다.

이런 태도는 이기심과 밀접하게 연관이 있습니다. 이기심의 정도는 차이가 날 수 있는데, 남들 눈에 확연히 드러날 정도로 심각할 수 있습니다.

이들은 어떤 순간에 공익을 추구하는 것처럼 보일 수 있겠지만, 그조차도 결국 자신에게 어떤 이익이 있을 때만 가능한 일입니다. 심지어 다른 사람들이 자신을 '좋은 사람'으로 여기게 하려는 목적일 수도 있습니다!

이런 태도는 더욱 골치 아픈 유형의 태도, 즉 조종하는 태도로 이어질 수 있습니다. 여기에 대해서는 뒤에 더 자세히 살펴볼 겁니다.

개인적으로 저는 이런 태도에 정말 거부감이 들어요.

공익이라는 건 진정으로 모두를 위한 것이어야지, 특정 개인에게만 이익이 되면 안 됩니다. 이것을 공익이라고 착각해서는 안 됩니다.

7
사심 없는 이타적인 태도

앞서 말한 이기적인 태도와 거의 반대되는 태도입니다. 이들은 항상 자신보다는 다른 사람들을 먼저 생각하고, 다른 사람들의 이익을 먼저 고려하는 사람들입니다.

이들은 자신이 관심을 가지는 사람들, 또는 공동체를 돕는 것을 목표로 합니다. 개인적으로 아무런 이득이 없거나 심지어 불이익을 당할지라도 말입니다!

우리가 하는 모든 일에서 완전히 이타적인 것은 불가능합니다. 그래도 다른 사람들을 위해 좋은 일을 하면 더 편안한 기분이 듭니다.

이타적인 것도 항상 좋지는 않습니다. 왜냐하면 어디에나 이기적이고 다른 사람을 조종하는 사람들이 존재하기 때문입니다. 이타적인 사람들은 이런 유형의 사람들에게 이상적인 먹잇감이 됩니다. 보답을 바라지 않고 베풀고 또 베풀던 사람들이 시간이 지나면서 결국 이런 태도를 포기하게 됩니다. 자신이 하는 일을 인정받지 못하고, 이용당하고, 소중하게 여겨지지 않기 때문입니다.

당신의 주변에 이런 사람이 있다면, 그들이 당신을 위해 하는 일에 감사하세요. 당신이 감사하고 있다는 사실을 그들이 확실히 느낄 수 있도록 해 주세요.

그들은 '멸종 위기'에 처해 있기 때문입니다!

8
협력하는 태도

이 태도는 자기 자신만 생각하는 것과 다른 사람을 먼저 생각하는 것의 중간 지점으로, 알맞게 균형을 잡은 경우라고 할 수 있습니다.

협력하는 사람들은 주변 사람들과의 상호 관계를 소중히 여기고, 모두가 자기 목표를 이룰 수 있도록 돕습니다. 뿐만 아니라, 개인과 공동의 목표를 함께 성취하려고 합니다.

이런 태도를 가지는 것은 쉽지 않아요. 자칫 균형을 잃고 어느 한쪽으로 치우치기 쉽기 때문입니다.

진정한 공익을 이루는 유일한 방법은 모두가 각자의 능력에 맞게 협력하여 최대한 많은 사람들이 최대한 행복을 누리는 것입니다.

하지만 현실에서는 자신의 성공을 위해 다른 사람을 짓밟거나 그들을 발판 삼아 정상에 오르는 사람들, 오랜 경험 끝에 자신이 다른 사람의 성공을 돕는 도구적인 존재에 불과

했다는 사실을 깨닫는 사람들이 자주 보입니다. 이런 사람들은 공익에 기여하기 어렵습니다.

9
조종하는 태도

이것에 대해 이야기할 거라고 말했던 거, 기억나죠?

개인적인 이익에만 지나치게 집착하고, 그 선을 넘어서 의도적으로 다른 사람을 이용하기 시작하면 우리는 조종하는 사람이 되는 겁니다. 주변 사람들을 자신의 목표를 이루기 위한 도구나 수단처럼 여기는 거죠. 마치 편의를 위해 타고 다니는 자동차처럼요!

특히 이타적이고 공감 능력이 높은 사람은 조종하는 태도를 가진 사람의 타깃이 되기 쉬워요. 이런 태도는 학대자들에게서 흔히 볼 수 있는 특징입니다.

감정적인 조종은 이들이 사용하는 주요 수법 중 하나로,

자신이 원하는 대로 하지 않으면 죄책감에 빠뜨리고 모든 것이 자기 탓인 것처럼 느끼게 만듭니다.

이들은 착하고 관대한 사람들을 악용하기 때문에 조종하는 태도를 가진 사람들과는 반드시 거리를 두어야 합니다! 이러한 태도는 가까운 관계에서는 물론, 어떤 경우에도 절대 용납되어서는 안 됩니다.

10
수동적인 태도

현실에 대한 시각이 너무 부정적이어서 지금 처한 상황에서 벗어날 길이 보이지 않을 때, 무엇을 하든 더 나아질 방법이 없을 거라고 생각될 정도로 짓밟혔을 때, 모든 것에 수동적인 태도를 보이는 경향이 있습니다.

이때는 어떤 것도 상관이 없고, 모든 것이 우리를 스쳐 지나갑니다. 우리는 주도권이 없고 내 삶을 위해 아무것도 하지 않습니다. 우리는 우리에게 요구되는 것에 굴복합니다. 그게 전부인 것 처럼요.

우리는 외부의 의견에 전적으로 의존하게 되고, 자신의 욕망과 이익을 망각하며, 누가 짓밟더라도 권리를 방어할 수 없게 됩니다.

이타적인 사람들이 조종하는 사람에게 이용당하거나 외상, 학대 또는 지속적인 괴롭힘을 겪으면 이런 태도를 갖게 됩니다. 그렇기 때문에 위험한 상황에서 수동적 태도를 유지하는 사람을 알고 있다면, 그 사람이 그 상황에서 벗어날 수 있도록 지지하고 지원하는 것이 중요합니다. 많은 경우, 그 사람이 자기 자신의 힘으로 여기서 빠져나오는 것은 불가능하기 때문입니다.

조종하는 사람이 그 사람을 이렇게 만들었고, 이 상황에서 탈출할 수 없도록 그가 가진 에너지를 몽땅 훔쳤기 때문이죠.

11
공격적인 태도

갈등 상황에서 다른 사람의 권리보다 자기 자신의 권리를 더 옹호하고, 다른 사람의 권리를 무시하거나 깎아 내리는 사람들이 있습니다. 심지어 언어적, 정서적, 신체적 폭력으로 이어지기도 합니다.

왜 이런 일이 생길까요?

공격적인 사람에 대한 제 경험을 얘기해 보겠습니다.

중학교에 입학하고 얼마 안 되었을 때, 한 남자애가 저를 괴롭히기 시작했어요. 제가 그 애의 여자 친구와 몰래 만난다고 착각했고 1년 내내 저를 못살게 굴었어요.

솔직히 말해서 정말 힘들고 골치 아픈 한 해였어요. 그 애는 점점 더 공격적인 태도를 보였고 악당처럼 행동했어요. 저를 괴롭히면 여자친구가 자신을 더 좋아할 거라고 생각한 것 같아요.

물론 그 생각은 전혀 사실이 아니었지만, 그 애는 상관하지 않았어요. 자신의 좌절감을 풀기 위한 희생양이 필요했고, 때마침 제가 그 대상이 된 거예요. 제가 아닌 누구라도 상관없었을 겁니다.

다행히 시간이 지나면서 그 애는 변했습니다. 지금은 저와 친구 사이로 지내고 있고, 그때 일은 모두 용서했어요.

하지만 우리에게 해를 입힌 사람들을 항상 용서할 수는 없습니다. 특히 그 피해가 우리 삶에 후유증이나 심각한 트라우마를 남긴 경우에 더욱 그렇죠.

괴롭힘은 공격으로부터 자신을 방어하거나 자존감을 보호할 방도가 없는 매우 취약한 상황에서 발생하기 일쑤입니다. 그래서 괴롭힘을 목격하면 그것에 맞서 싸우는 것이 너무나 중요합니다.

내부에서보다 외부에서 싸우기가 더 쉽고, 괴롭힘이 일어나는 상황에서 스스로 벗어나는 것보다 동료를 보호하는 것이 더 쉬우니까요.

도움을 요청하는 것은 매우 중요합니다.

모든 순간 정말 그렇습니다.

만약 그렇게 도움을 요청했는데도 도움을 받지 못한다
면, 선생님들, 가족 혹은 중재할 수 있는 다른 사람들에게 연
락해도 아무런 조치를 취해 주지 않는다면, 당신을 위험에
노출되도록 내버려 두었다면 어떤 일이 벌어질까요?

도움을 요청해도 아무 소용 없다고 생각하게 되겠죠.

우리는 누군가에게 도움을 주는 법,
이러한 상황이 일어나지 않도록 하는 법,
누군가를 보호하기 위해 목소리를 높이면
자신도 괴롭힘을 당할지도 모른다는 두려움 때문에
침묵하지 않는 법을 반드시 알아야 합니다.
남들과 다르다고 누군가를 지적하지 않는 법,
다른 사람을 지적하면서 낄낄대지 않는 법,
차이를 비웃지 않는 법을 배워야 합니다.

괴롭힘을 내버려 두는 행동이 얼마나 큰 해악을 끼치는지 깨닫지 못할 때가 있는데, 그런 순간에도 우리는 끔찍한 일이 이어지는 데 힘을 보태고 있는 것입니다.

많은 아이들이 다른 사람을 괴롭히는 이유가 집에서 배웠거나, 공격적이고 편견이 가득한 환경에서 살아왔거나, 태어났을 때부터 '작은 왕'으로 대접받아서 다른 사람에게 자신의 생각을 강요할 수 있다고 믿기 때문이라는 점을 알아야 합니다.

이 모든 것은 정당화될 수 없으며 다만 왜 이런 태도를 가지게 되는지 설명하는 데 도움이 될 수 있습니다.

"문제"는 괴롭힘을 당하는 사람이 아니라 괴롭히는 사람에게 있으며, 정신과 의사나 심리 상담사의 방에 들어가야 하는 사람 또한 전자가 아니라 후자여야 한다는 것을 반드시 기억해야 합니다.

12
자신감 있는 태도

자신감 있는 태도는 자신의 의견, 권리, 감정을 정확하게 파악하고 이를 솔직하게 전달하는 겁니다. 자신의 의견을 강요하지 않고, 다른 사람의 의견을 우선적으로 고려하며, 자기 의견을 숨기지도 않는 겁니다.

어때요, 쉬워 보이나요?

글쎄요, 전혀 그렇지 않습니다. 이런 태도를 가지기 위해서는 균형감과 유연성을 가져야 합니다. 다른 사람의 의견을 존중하는 동시에 자신에게 중요한 문제만큼은 절대 양보하지 않는 건 정말 어려운 일이에요!

자신감 있는 태도를 갖추기 위해서는 노력이 필요한데, 충분히 그럴 만한 가치가 있는 일입니다. 이런 태도를 가진다면 자신의 의견을 지키고 다른 사람의 의견을 존중할 수 있으니까요.

예를 들어 볼게요. 마리암은 여자친구인 셀리아에게 '취미 생활에 너무 많은 시간을 쏟느라 둘만의 시간을 소홀히 하는 것 같다.'고 말하고 싶습니다.

이런 경우 어떻게 말해야 할까요?

"넌 이제 나한테 관심도 없지! 나보다 축구팀 동료들을 더 소중한 거잖아! 그중 누군가랑 나 몰래 사귀고 있는 거 아니야? 우리 이제 그만 헤어져."

이것은 공격적인 태도일 것입니다.

"그래, 오늘 축구팀 애들과 약속을 잡은 건 괜찮아. 오늘 이 우리 기념일이지만 난 괜찮아. 너한테 나보다 더 중요한 일들이 있다는 거 알아. 괜찮아."

이것은 수동적인 태도입니다.

"셀리아, 너한테 얘기하고 싶은 게 있어. 요즘 네가 우리 둘 사이에 신경을 덜 쓰는 것 같아서 좀 서운해. 축구팀 애들이랑 많은 시간을 보내는 걸 보니까 부럽고 질투도 좀 나는 것 같아. 계속 이런 기분을 느끼고 싶지 않아. 우리 같이 이 문제를 해결할 수 있을까?"

이게 바로 자신감 있는 태도일 겁니다.

이런 태도를 가지려면, 솔직하게 자기 감정을 표현할 정
도로 자신감이 있어야 하고 상대에 대한 믿음 또한 있어야
합니다. 질투와 같은 부정적인 감정도 인정하고, 서로를 존
중하는 대화를 나눌 수 있어야 합니다.

그렇지 않으면 공격적이거나 수동적인 태도에 빠질 수 있
는데, 이 두 가지 방식은 문제를 해결하는 데 아무런 도움이
되지 않습니다.

13
관용적인 태도

우리의 태도가 지나치게 관대하다면, 주변 상황에 '과하
게 융통성이 있다'는 것을 의미합니다. 우리에게 영향을 미
치는 모든 일들에 말이죠.

물론 융통성이 있을 수 있고, 때때로 자기 의견을 굽힐 수
도 있습니다. 하지만 계속 그렇게 행동한다면 사람들이 당

신의 그런 점을 이용할 수 있습니다.

우리는 어떤 상황에서 융통성을 가질지, 더 강력하게 나설지를 선택할 수 있습니다. 어떤 전투에서 싸워야 하고, 어떤 전투에서 힘을 비축해야 하는지 알아야 합니다.

저녁을 이탈리안 레스토랑에서 먹고 싶은지 아니면 일식 레스토랑에서 먹고 싶은지를 논쟁하는 것은 사실 크게 중요한 일이 아닐 수도 있어요.

하지만 그 자리에 채식주의자인 당신의 여자 친구가 초대되었다면, 그 친구를 위한 메뉴가 있는 식당으로 가자고 주장하는 것은 당연히 중요한 일입니다.

강단 있는 성격은 성숙하고 매력적인 것이며, 이것은 노력과 연습을 통해 단련될 수 있습니다.

14
감정적인 태도

감정적인 태도를 가졌다는 건 당신의 판단이 감정을 기반으로 한다는 것입니다.

이를테면 당신을 행복하게 하거나 슬프게 하는 것, 당신 마음에 영향을 주고 충동을 일으키는 것들이요.

이런 일들은 모든 사람에게 어느 정도는 일어납니다. 어떤 사람도 로봇이 아니기 때문이죠. 우리는 감정이 있고 본능적으로 공감 능력이 있으니까요.

사회적 동물인 인간은 태어날 때부터 감정을 기반으로 서로 관계를 맺습니다. 다만 이러한 감정이 도가 지나치거나 당신이 원하는 것보다 더 큰 영향을 미칠 때, 문제가 발생할 수 있습니다.

누군가가 괴로워하거나 울거나 슬퍼하는 모습을 보면서 비슷한 감정을 느끼는 것이 꼭 나쁜 것만은 아닙니다.

이런 반응은 당신이 상대의 입장에서 생각하고 있다는 걸 보여 주죠. 다만 부정적인 감정이 당신을 휩쓸거나 압도하지 않도록 적절하게 조절하는 것이 중요합니다.

사랑하는 사람들의 감정에 공감하고
그들을 걱정하는 것은 좋아요.
하지만 때때로 적절하게 브레이크를 밟고
나 자신을 돌보는 것에 집중할 필요가 있습니다.

감정이 풍부한 사람은 대개 더 따뜻하고, 낭만적이며, 다정한 경우가 많습니다. 자신의 감정만큼 다른 사람의 감정도 중요하게 여기니까요.

15
이성적인 태도

이성적인 태도는 현실을 평가할 때 감정적인 측면을 완전히 배제하고, 논리와 이성만을 사용하는 태도입니다.

기계가 아닌 인간에게 이런 태도가 가능한 걸까요?

저는 개인적으로 이 태도를 높이 평가해요. 이런 사람들을 만나는 건 정말 멋진 것 같아요. 제 문제나 근심에 대해 매우 객관적인 관점을 제시해 주니까요.

그렇다고 매순간 이렇게 지낼 수는 없어요. 감정이 없으면 차갑고 무감각한 사람이 될 수 있어요.

다시 한번 말하지만 중요한 것은, 당신 자신이 편안하게 느끼는 균형점에 도달하는 것입니다. 당신 주변 사람들도 마찬가지고요!

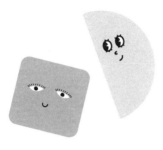

12

매력적인 사람으로 보이려면

몸을 어떻게 움직이는지는 상대방에게 메시지를 전달할 때 매우 중요합니다.

당신이 짝사랑하는 사람에게 그 사람을 얼마나 많이 좋아하는지 전하고 싶은가요? 이 경우에도 당연히 신체 표현이 아주 중요하죠!

상대방에게 매력적으로 보이기 위해, 좋은 첫인상을 심어 주기 위해, 더 좋은 인상을 남기기 위해서는 말보다 말이 아닌 언어가 훨씬 더 중요할 수 있습니다.

우리는 본능과 무의식적인 반응에 따라 움직이기 때문입니다. 만약 상대방의 움직임에서 나쁜 의도가 있을지도 모른다는 것을 눈치채면 우리는 불쾌한 기분이 들고 도망가고 싶어집니다.

그런데 "매력적인 사람으로 보이려면"이라는 문장을 읽을 때 '내 몸은 그렇지 않은데?'라고 생각할 수도 있어요.

당신이 키가 너무 작거나, 너무 삐쩍 말랐거나, 배가 너무 나왔거나, 여드름이 너무 많거나, 혹은 행동이 서툴거나, 충분히 멋지지 않거나, 단단한 근육질의 체구가 아니라서 매력적이지 않다고 생각할지도 모릅니다.

그런데 패션쇼에 서는 모델 같은 외모가 아닌데도 엄청나게 매력적인 사람들이 있지 않나요? 그들은 특정한 카리스마를 가지고 있어요. 자신만의 방식으로 움직이고, 다른 사람들을 기분 좋고 편안하게 만들고, 다른 사람들을 미소 짓게 만드는 방식으로 상호작용을 합니다.

미인대회에서 우승할 만한 외모는 아니지만, 그럴 필요도 없습니다. 그들은 자신감이 있고, 다른 사람들을 잘 대하며, 친절하고, 자신을 돋보이게 만들고, 등장하는 즉시 주목받는 일종의 "아우라"가 있어 보입니다.

이것은 헬스장을 다니느라, 다이어트를 하느라,
옷을 사느라 돈을 쓰며,
끊임없이 변화하는 미의 기준에
우리를 맞추는 것과는 다른 종류의 아름다움입니다.
자신에 대한 자신감을 전달하고,
주변 사람들에게도 자신감을 심어 주는 것입니다.

그러므로 우리는 몸으로 행하는 움직임과 그것이 다른 사람들에게 어떤 인상을 주는지를 인식해야 합니다.

자신이 상대에게 불안감을 느끼게 하는지 긴장감을 느끼게 하는지, 아니면 좋은 분위기를 조성하는지 알아야 합니다.

이러한 행동, 표현 또는 몸의 움직임은 대부분 무의식적으로 나옵니다. 저절로 발생하며 미처 깨닫지 못할 때도 있어요. 이걸 제어하는 건 매우 어려운 일이지만, 불가능하지는 않아요. 가르치고 배울 수 있습니다!

다른 언어와 마찬가지로 말이 아닌 의사소통도 유창함과 능숙함을 키워 갈 수 있습니다. 우리가 무슨 메시지를 어떻게 전달하는지를 알 수 있고, 다른 사람, 특히 우리가 좋아하는 사람의 관심을 일깨우는 방식으로 우리의 몸을 움직일 수 있어요!

이제부터 최상의 시나리오에 따라 몸을 움직일 수 있는 구체적인 방법들을 배울 겁니다. 잘 알아 두면 입을 열기도 전에 최고의 인상을 남길 수 있습니다.

우리가 대화 중인 것은 아니지만
관심있는 누군가를 관찰하게 되는 경우,
그 사람의 걷는 방식이나 자세를
고려하는 것이 중요합니다.

먼저 우리가 걷는 방식에 대해 이야기해 볼게요. 당신이 남성적으로 보이고 싶은지, 여성적으로 보이고 싶은지에 따라 걷는 방식이 달라질 수 있습니다.

더 남성적으로 보이고 싶다면, 등을 곧게 펴고 어깨를 약간 뒤로 젖히고서 똑바른 자세로 걸으면 됩니다. 단호하고 자신감 있게 걸음을 내딛되 (지나치게 큰 보폭의 걸음걸이가 아니라) 자연스럽고 부드러운 움직임을 유지하는 게 중요합니다. 나무막대기처럼 뻣뻣해서는 안 돼요.

여성적인 느낌을 강조하고 싶다면 어깨를 펴고, 시선을 앞에 두며, 발을 끌지 않고 똑바른 걸음걸이를 유지해야 합니다. 런웨이를 걷는 모델처럼 과장되게 걷지 않고, 확고하고 결단력 있게 걸음을 내딛어야 합니다.

이런 자연스러움 속에서 매력이 드러납니다. 저만 이렇게 말하는 게 아니라 패션과 라이프스타일 전문가들이 모두 이렇게 말합니다.

하지만 가슴을 한껏 부풀린 비둘기처럼 과도하게 굴지는 맙시다! 전형적인 '코브라 동작'을 생각해 보세요. 키스하려고 다가올 때 키스하기 싫어서 몸을 뒤로 빼며 물러서는 움직임 말입니다. 머리는 몇 센티미터쯤 뒤로 젖혀지고, 어깨

역시 뒤로 움직입니다. 이것은 당신이 반드시 주의해야 할 동작이에요.

평소보다 조금 더 빨리 걷는다면 (이미 매우 빨리 걷고 있는 게 아니라면) 신체 에너지를 증가시킬 수 있고, 다른 사람들도 그걸 느낄 수 있을 겁니다. 활기차게 걷는 사람은 더 활기차고 더 자신감 있는 사람으로 인식되죠.

핸드폰을 쳐다보지 않고, 시선을 바닥이 아닌 정면에 두고자 노력하면, 어떤 장애물에도 부딪히지 않고, 안전하고 신뢰감이 있는 이미지를 심어 줄 수 있을 것입니다.

우리가 걷고 있는 것이 아니라, 동료들과 함께 있거나 버스를 기다리면서 가만히 서 있을 때 단단하고 적절한 신체 표현을 유지하는 것도 중요합니다.

다리가 삼각형 모양으로 살짝 벌어지면 우리가 전달하게 될 안정감이 더 커질 거예요. 우리 몸의 무게가 더 안정적으로 분산되고, 무게의 중심이 낮아지기 때문입니다.

하지만 '서부의 카우보이'처럼 지나치게 다리를 벌리지는 맙시다. 내내 똑같은 자세를 유지하는 것은 피곤할 수 있으로 여러 가지 동작을 번갈아 가며 시도해 볼 수 있어요.

몸의 무게를 한쪽 발에 싣고 있다가 다른 쪽 발로 옮겨 실으면서 자세를 바꿀 수 있는데, 이것은 상대에게 흥미로운 인상을 줄 수 있습니다.

다른 사람과 대화 중이 아니라면 가슴 위로 팔짱을 끼는 것도 괜찮아요. 만약 대화 중이라면 그런 행동을 피하는 것이 더욱 좋습니다. 동의하지 않는다거나, 불만이 있다거나, 상대방의 말을 듣고 싶지 않다는 의사를 전달하고 싶은 게 아니라면 말이죠.

우리는 주머니에 손을 넣을 수 있습니다. (당연히 주머니가 있는 경우에 그렇죠. 당신도 알고 있는지 모르겠지만, 대부분 여성복에는 주머니가 없거나, 있어도 너무 조그맣다 보니 여성들이 핸드백을 사야 하는 겁니다!)

벽이나 구조물에 가볍게 기대 서면 매력적으로 보일 수 있어요. 이때는 가볍게 기대야 합니다! 너무 기대면 모든 일에 무관심한 사람으로 보이기 쉽습니다.

수업이나 업무 수행 중 사람들 앞에서 발표하거나, 다른 사람들이 말하는 동안 서서 경청해야 할 때 추천할 만한 자세가 있습니다. 두 팔을 등 뒤로 보내고 한 손으로 다른 손의 손목을 잡는 것입니다.

이 자세는 '손을 어떻게 할까? 안 보이게 숨길까? 옆에 내려 놓을까? 포개어 잡을까? 아니면 허리춤에 얹을까?' 하는 고민을 해결하게 해 줍니다.

> 두 팔을 등 뒤로 보낸 자세는 상대에게
> 힘과 자신감을 전달할 수 있어요.
> 우리는 이러한 노출을 두려워하지 않습니다.
> 모든 사람에게 적합한 자세입니다.

우리가 앉아 있다면, 여러 자세 중 하나를 선택할 수 있습니다. 우리 사회에서는 여성적인 것으로 읽히는 신체 표현과 남성적으로 읽히는 신체 표현이 있기 때문에, 어느 쪽으로 보이고 싶은지에 따라 조언을 구분해 보겠습니다.

여성스러운 매력을 돋보이게 하는 자세는 두 다리를 모으고 평행으로 유지하면서 한쪽으로 비스듬히 기울이거나, 등과 몸을 곧게 세우고 다리를 쭉 펴는 것입니다. 다리를 꼬는 것은 여성스러운 몸짓으로 여겨지기도 하고 꽤 편하지만 추천하기 어렵습니다.

이 자세가 매력적이지 않아서일까요?

반대입니다. 매력적이에요, 그것도 아주 많이요!

하지만 다리를 꼬는 자세는 장기적으로 봤을 때 건강에 부정적인 영향을 미칠 수 있습니다. 우리는 특정한 다리를 다른 쪽 다리 위에 교차하는 경향이 있는데, 이 때문에 골반이 틀어지고 등이나 관절에 통증이 생길 수 있습니다.

이 자세가 편해서 혹은 상대를 유혹하기 위해 다리를 꼬고 싶다면, 양쪽을 번갈아 가면서 하세요. 그렇지 않으면 헬스장에서 한쪽만 웨이트 운동을 하는 것과 같습니다!

남성적인 매력을 전달하기 위해 다리를 꼬는 것도 가능합니다! 한쪽 다리를 다른 쪽 다리의 위로 올려 무릎 부분을 접거나, 다리 절반을 다른 쪽 허벅지에 얹거나, 아니면 한쪽 발목을 다른 발목 위에 포개는 형태입니다.

앞에 말한 것과 같이 번갈아 가며 자세를 바꾸면 등 통증이나 관절 문제가 생기지 않는 데 도움이 됩니다.

몸속에 나무막대기가 든 것처럼 뻣뻣해지지 않도록 항상 똑바른 자세를 유지하려고 노력하는 것이 좋습니다!

등을 곧게 세우고 복근을 키우는 것도 도움이 됩니다.

또 다른 선택지는 다리를 평행하게 놓고 발을 앞으로 향하게 하는 것입니다. 하지만 다리 간격이 너무 벌어지지 않아야 해요!

특히 많은 사람들과 함께 앉아 있으면, 그들이 편안하게 앉을 수 있도록 하는 것이 매우 중요합니다. 옆에 있는 사람이 다리를 구부리고 움츠리고 앉아 있는데, 당신만 다리를 쫙 벌리고 앉지 마세요.

이러면 다른 사람의 안녕은 안중에 없는 이기적인 사람이라는 인상을 줍니다. 본인만 편하면 되고, 다른 사람들은 어찌 되건 상관없다는 식의 메시지를 전달하는 겁니다.

이건 전혀 매력적인 메시지가 아닙니다!

일반적으로 아무것도 신경 쓰지 않고 좌석에 기대어 앉아 있는 모습은 섹시한 나쁜 남자처럼 보이기보다는, 중학교 2학년에서 성장이 멈춰 버린 무례한 방관자로 보이거나, 좁은 자리를 혼자 다 차지해야 성이 풀리는, 염치없는 사람으로 보입니다.

대화할 때는 특히 더 자세가 중요해요. 당신에게 관심이 있는 사람은 당신에게 집중하고 있고, 당신의 움직임을 무의식적으로 분석하고 있으니까요.

열린 자세는 말 없이 이루어지는 소통에서 핵심적인 역할을 합니다. 이는 당신이 방어적이지 않고 눈앞에 있는 사람에게 마음을 열고 있다는 것을 보여 줍니다. 당신이 취약한 부분을 드러내도 상대가 당신을 해치지 않을 것이라고 믿는다는 신호를 보내는 거죠. 중요한 장기를 두려움 없이 드러내는 모습을 통해 이런 믿음을 보여 주는 겁니다.

당신이 관심을 갖고 있는 사람이 이걸 보고 "좋아. 저 사람이 무방비 상태이니 찌르기 딱 좋군."이라고 생각할 가능성은 없을 겁니다. (혹시라도 그렇다면 당장 도망치세요!)

열린 자세는 로맨틱한 상황만이 아니라 모든 맥락에 적용됩니다. 당신이 전달하는 메시지는 다음과 같으니까요.

"나는 너와 함께 있는 게 편안하고, 네가 나를 해치지 않을 거라고 믿어. 그러니 너도 나와 함께 있는 걸 편안하게 느껴도 돼."

하지만 팔짱을 끼거나 상대방과의 사이에 물건을 두는 것은 마치 방패를 든 것과 같습니다. 이건 상대방을 신뢰하지 않는다는 신호를 보내는 것이고, 당신이 폐쇄적인 사람이라는 인상을 줄 수 있어요.

상대방은 당신이 감정적으로, 성적으로, 사회적으로 마음이 닫혀 있으며, 자신에게 전혀 관심이 없다고 느낄 거예요. 설마 이런 의도를 보여 주려는 건 아니죠?

손바닥을 펴고 빈 손바닥을 보여 주는 자세와 몸짓도 매우 비슷한 메시지를 전합니다. 손을 공중에서 흔들며 반갑다고 인사하거나 작별 인사를 하거나 누군가와 악수를 하는 것은 다른 사람들과 더 가까워지게 하고 신뢰를 쌓는 몸짓입니다.

아주 간단해요, 손에 아무것도 숨기지 않으면 되니까요!

우리는 손에 돌, 칼 그 어떤 무기도 감추고 있지 않고, 상대방을 때리기 위해 주먹을 꽉 쥐고 있지도 않습니다. 이런 행동들은 인간이 본능적으로 항상 위험으로 인식하는 행동이기 때문입니다.

여기에는 수 세기 동안 전해져 온 문화적 메시지가 담겨 있습니다. 손을 주머니에 넣지 않고, 활짝 편 손바닥을 보여 주는 것은 나쁜 의도가 아니라 평화로운 의도로 왔음을 전하는 뜻입니다. 손을 보여 주는 것은 우리가 솔직하고 신뢰할 수 있는 사람이라는 사실을 알리는 데 적합합니다.

눈 맞춤은 앞에서 여러 번 언급했고, 그것이 얼마나 중요하고 또 중요한지 이미 알고 있을 겁니다. 상대와 자연스럽게 눈을 맞추면 신뢰를 형성하고, 우리의 의사소통에 힘을 실어 주고, 진실성을 전달할 수 있습니다. 당신이 상대방에게 주의를 기울이고 있고, 그가 하는 이야기에 관심이 있다는 것을 알려 줍니다.

눈 맞춤을 계속 유지하기 어렵다면 상대방의 눈썹 사이를 쳐다보거나, 눈과 눈썹 사이를 번갈아 보거나, 아니면 콧대을 바라볼 수 있습니다.

하지만 완전히 시선을 피하면 상대방은 당신이 자신에게 관심이 없다거나, 당신이 투명하지 않거나 무언가를 숨기고 있다고 생각할 것입니다.

중요한 것은 지나친 시선으로 상대가 불편함을 느끼지 않도록 주의하는 겁니다. 상대가 자신을 현미경 아래의 벌레처럼 관찰하고 지켜보고 있다고 느끼지 않고, 당신이 그 사람을 중요하게 느낀다고 믿게 만들어야 합니다.

때때로 당신이 짝사랑하는 사람이 말하는 동안, 그 사람의 입을 바라보는 것만으로도 당신의 의도를 명확히 전달할 수 있습니다. 만약 상대방도 당신을 바라본다면 무슨 일이 일어날지 당신은 알고 있죠!

미소의 중요성에 대해서는 이미 이야기했지만, 다시 한 번 강조하고 싶어요. 대화할 때는 미소를 짓지 않는 것보다 미소짓는 것이 훨씬 낫습니다.

미소는 우리 인간들을 가깝게 만들고, 선의와 좋은 기분을 보여 줍니다. 그것이 진심일 때 매우 쉽게 전염되죠.

이게 정말 중요합니다.

당신의 미소가 진심인지, 진짜 미소인지 확인하세요!

절대 입으로만 미소짓지 마세요. 얼굴 전체, 모든 얼굴 근육, 특히 두 눈 모두 미소 짓기에 참여하도록 하세요. 눈꺼풀에 주름이 잡히고, 양쪽 뺨이 자연스럽게 부풀어 올라야 합니다. 불편해서 턱을 움켜쥔 것 같은 어색한 긴장감이 없어야 합니다.

꼭 너털웃음을 터뜨릴 필요는 없어요. 순수하고 진심 어린 미소만으로도 충분합니다. 그것은 당신의 매력을 높여줄 거예요. 모든 것이 훨씬 더 순조롭게 흘러갈 겁니다!

몸을 바르게 세우고 어깨를 살짝 뒤로 젖힌 자세는 대화 중일 때만 적용되는 것은 아닙니다. 모든 순간에 이 자세를 취하세요. 단, 우월감을 전하지 않도록 주의하세요. 그렇지 않으면 대화 상대방은 당신이 자기보다 우위에 있고 싶어 한다고 느낄지도 모릅니다.

평등하고 신뢰할 수 있는 분위기가 중요해요.

허세나 과시도 절대 안 됩니다. 어깨를 뒤로 약간 젖히는 것은 평온을 유지하는 데 도움이 될 거예요. 이렇게 하면 숨을 더 깊게 들이마시게 되어 호흡이 좋아지는 데 도움이 되기 때문입니다!

마지막으로 동작만 중요한 것이 아니라 동작을 수행하는 방식 또한 중요합니다. 특히 타이밍이 중요해요.

부드럽고 여유롭게 움직여 보세요. 빠르게 몸을 움직이는 사람들은 신경이 예민해 보일 수 있어요. 그들의 마음속에 '위험하니 빨리 도망쳐야 해.'라는 무의식적 신호가 있을 수 있기 때문입니다. 진짜 위험한 상황이 아닐 때도 그래요.

실제로 불이 나면 도망치세요!
하지만 정말로 그렇게 서둘러야 하는 게 아니라면
더 느긋하고, 더 천천히 가도 아무도 죽지 않고,
아무런 문제가 없을지 스스로에게 물어보세요.

> 부드럽게 움직이고 말하는 것만으로도
> 차분함과 안정감을 전달할 수 있을 겁니다.

제 경우에는 차분히 움직이는 게 끔찍하게 어렵습니다. 저는 신경이 예민한 사람이라서 한시도 가만히 있지 않아요. 제 주변 사람들은 항상 저한테 가만히 있지를 못한다고 얘기해요.

저도 압니다. 이것이 때때로 원치 않은 메시지를 전달하거나 제 주변 사람들을 불안하게 만들 수도 있다는 것 말입니다. 하지만 그걸 통제하는 것이 제게는 너무 어려워요.

우리 모두에게는 저마다 통제하기 어려운 점과 고치고 싶은 점이 있습니다. 여러분에게는 어떤 점이 있나요?

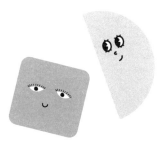

13

프로필 사진을 잘 찍는 법

○○○

15년이나 20년 전만 해도 모델이나 배우가 아닌 이상, 멋진 포즈를 취하는 법은 그다지 중요한 문제가 아니었어요.

가끔 사진을 찍을 때가 있었지만 그 사진들은 가끔 친척 모임 때 꺼내어 옛 추억을 떠올리게 하는 가족 앨범에 들어갈 뿐이었죠. 여름방학 때 사촌들과 함께 찍은 사진에 당신이 어떻게 나왔는지 아무도 신경 쓰지 않았습니다.

좋든 싫든 시대가 변했습니다. 우리는 소셜 미디어 사용이 익숙한 사회에서 살고 있습니다. 스마트폰으로 좋은 품질의 사진과 동영상을 찍을 수 있고, 인터넷에 업로드하여 세상에 공개하는 것이 보통입니다. 대세는 셀카죠!

하지만 우리 모두가 스마트폰에 찍힌 자신의 모습을 좋아하는 것도 아니고, 카메라를 최대한 활용하는 방법도 잘 알지 못합니다. 주변에서 "포즈를 어떻게 취해야 할지 모르겠어.", "항상 사진이 안 예쁘게 나와.", "나는 사진발이 진짜 안 받아." 같은 말을 종종 듣곤 합니다.

이제 셀카 찍는 방법은 거의 의무적으로 습득해야 하는 새로운 기술이 되었습니다. 당신은 셀카를 찍어서 잘 나온 사진에 만족하고, 그걸 소셜 미디어에 올릴 때 편안함을 느낍니다. 우리는 소셜 미디어를 통해 새로운 사람들을 많이 알게 됩니다. 우리의 사진은 자신을 소개하는 일종의 '소개장'이 되기도 합니다.

지금 당신의 프로필 사진은 무엇인가요?
당신의 셀카인가요? 친구들과의 단체 사진인가요?
당신 강아지의 사진인가요? 만화 그림인가요?

그것이 무엇이든 당신은 무언가를 전달하기 위해 이미지를 사용합니다. 당신은 긍정적인 느낌을 전달하고 싶거나, 매력적이고, 유쾌하고, 친절한 사람으로 인식되고 싶거나, 당신의 관심사, 취미, 소속된 팀, 좋아하는 애니메이션 등을 알리고 싶을 수도 있습니다!

혹시 여기에 대해 생각해 본 적이 있나요?

이런 것들도 모두 의사소통의 한 방법이랍니다.

그렇기 때문에 사진, 이미지 또는 셀카를 통해 세상에 무엇을 보여 주고 있는지 아는 것이 중요합니다.

제가 말하는 것은 모든 사진이 완벽해야 한다거나, 프로필 사진에 모델처럼 나와야 한다는 게 아닙니다.

프로필 사진을 잘 활용하고 싶은데 방법을 잘 모르겠다면 제가 좀 도울 수 있을 것 같네요.

가장 먼저 고려해야 할 점은
사진은 절대 현실이 아니라는 겁니다.
그 어떤 사진도요!

사진은 기껏해야 특정한 각도와 렌즈를 통해 현실을 구체적으로 해석한 것이죠. 우리의 존재와 실생활에서 보여 주는 모습 중 아주 작은 부분만 포착하는 겁니다.

인플루언서나 유명인의 사진도 현실과 거리가 멀죠. 사진과 동영상을 편집하고, 필터를 적용하고, 주름을 지워 버리는 프로그램이 많습니다.

자기 인생 최고의 사진만큼 섹시한 사람도 없고, 최악의 사진만큼 끔찍한 사람도 없습니다. 이건 사실이에요.

우리가 모두 비대칭이고 불완전한 얼굴과 몸매를 가지고 있어요. 그래도 괜찮습니다! 우리가 완벽하다면 엄청나게 지루할 테니까요.

"완벽하다"는 것은 실제로 무엇을 의미할까요? 당신에게 완벽한 것이 다른 사람에게는 끔찍한 것일 수도 있습니다. 완벽함에 대한 정의는 존재하지 않아요.

우리 모두 포유동물이기 때문에 몸과 얼굴에 털이 납니다. 한쪽 눈이 다른 쪽 눈보다 크며, 한쪽 눈썹이 다른 쪽 눈썹보다 털이 더 많고, 여드름·흉터·주름·튼 살·하지정맥류·접힌 살 등등을 가지고 있어요.

그래도 괜찮아요! 그게 정상이고, 자연스러운 거예요.

우리가 살과 뼈를 가진 인간이라는 의미니까요.

하지만 소셜 미디어가 보여 주는 왜곡되고 편향된 이미지를 진짜라고 믿고, 그런 완벽함이 실제로 가능하다고 생각하며, 거기에 집착할 때 문제가 생깁니다. 그런 이미지들과 자신을 비교하다 보면, 사진을 찍었을 때 내 모습이 어색하고 별로라고 느껴지는 게 당연합니다.

첫째로 당신은 그 사람들처럼 포즈를 잡는 것에 익숙하지 않기 때문이고, 둘째로 당신이 비현실적인 기준에 자신을 맞추려고 하기 때문입니다.

셀카를 자주 찍지 않는 이유가 매번 사진이 이상하게 나오기 때문이라면, 아래와 같은 이유 때문일 거예요.

1

카메라 렌즈

우리는 눈을 통해 세상을 보는데, 눈에는 수정체라는 렌즈가 있습니다. 카메라는 렌즈를 통해 이미지를 보고 포착하죠. 그런데 렌즈는 완벽하지 않답니다! 그렇다 보니 렌즈를 통해 보이는 세계는 어느 정도 왜곡될 수밖에 없어요.

어떤 카메라 렌즈도 당신의 눈만큼 정밀하지 않을 거예요. 당신 휴대전화의 렌즈가 훨씬 더 조그맣잖아요. 빛과 화질, 당신이 카메라에 얼마나 가까이 있나 멀리 있느냐에 따라 얼굴과 몸매가 왜곡될 수 있습니다.

이것은 확인하기가 매우 쉬워요. 코가 화면에 닿을 만큼 아주 가까이에서 셀카를 찍어 보세요. 그리고 사진에 나온 당신의 얼굴을 보세요. 코는 주먹만 해 보이고, 얼굴은 세로로 길게 늘어져 있을 것입니다.

그런데 당신이 더 멀리서 사진을 찍으면 (필요한 경우 타이머 기능을 사용해 보세요.) 얼굴 비율이 더 조화롭고 좀 전보다 얼굴이 더 넓어 보이는 것을 볼 수 있습니다.

이것은 초점거리에 따른 것입니다. 이 개념을 숙지하고, 당신이 편안하게 느껴지는 거리를 찾는 것이 좋습니다.

2
사진의 각도

거리뿐만 아니라 방향도 중요합니다. 위나 아래, 옆에서, 후면이나 전면 카메라로 사진을 찍을 때 우리 얼굴과 우리 몸은 똑같아 보이지 않습니다.

조명도 많은 영향을 끼칠 수 있습니다. 당신이 사진을 찍을 때 빛이 측면에서 들어오는 경우, 어쩌면 얼굴의 이목구

비에 불필요한 그림자가 생길지도 모릅니다. 빛이 얼굴 쪽에서 나오면 그림자가 덜 공격적일 수 있으며, 더 나은 사진을 남길 수 있습니다.

3
거울이 아니라 카메라!

거울에 비친 것과 똑같이 나오기를 바라며 셀카를 찍으려고 애쓰는 사람들이 많습니다. 문제는 카메라가 거울이 아니고 그런 식으로 작동하지도 않는다는 것입니다!

사진을 찍을 때는 거울에 비치는 것과 달리 반전된 모습이 아닙니다. 우리는 거울에 비친 반전된 자기 모습을 보는 데 너무나 익숙하기 때문에 카메라에 비친 모습을 보면 매우 이상하게 느껴집니다. 얼굴의 비대칭이 굉장히 부각되어 보이고, 자기 모습에 거부감을 느끼게 됩니다!

내가 나 같지 않으니까요!

이것을 완화하는 한 가지 방법은 셀카를 찍을 때 자동으로 반전되도록 설정하는 것인데 많은 스마트폰 카메라가 이 옵션을 제공합니다. 아니면 사진 편집 앱에서 수동으로 반전되도록 구성하는 것입니다. 이것만으로 엄청나게 큰 변화가 생길 거예요.

셀카를 찍을 때 갑자기 못생겨졌다가 거울로 보면 잘생긴 사람이 되는 것이 아닙니다. 단지 당신의 뇌가 당신의 반전된 이미지를 훨씬 자주 보기 때문에 사진을 보면서 '이건 네가 아니잖아!'라고 말하는 것입니다.

이와 더불어 기술적인 문제나 카메라의 작동 방식과 관련된 이유들 때문에 대부분 사람들은 좋은 프로필 사진과 나쁜 프로필 사진이 있다고 생각하는 경향이 있습니다.

하지만 이것은 시간이 지남에 따라, 나이에 따라, 스타일의 변화에 따라, 개인의 성장에 따라 혹은 헤어스타일의 변화처럼 다양한 조건에 따라 바뀔 수 있습니다.

아직 당신의 프로필을 정하지 못했다면,
축하합니다! 운이 좋으시네요!
그건 마음에 드는 프로필 사진을 찾기 위해
셀카를 왕창 찍으면서
재미난 시간을 보낼 수 있다는 뜻이니까요.
이걸 확인하는 건 꽤 쉬워요!

우선 얼굴의 어느 쪽이 더 매력적인지 "객관적으로" 생각하는 것이 아니라는 점을 기억해야 합니다. 왜냐하면 그런 것은 존재하지 않거든요. 사람마다 매력적이라고 생각되는 신체적 특징이 다 다릅니다. 우리의 얼굴은 그렇게 큰 차이가 있을 만큼 비대칭적이지는 않습니다.

핵심은 당신이 더 편안하다고 느끼는 프로필 사진을 찾는 것입니다. 그래야 더 자신감 있고 안정감 있게 보일 수 있고, 다른 사람들 눈에 매력적으로 보일 테니까요.

제가 기본적으로 제안하는 것은 가능한 사진을 많이 찍어 보라는 겁니다.

먼저 거울 앞에서 사진을 찍어 보세요!

거울에 비친 내 모습이 더 편하게 느껴진다면, 전면 카메라로 셀카를 찍는 대신 후면 카메라로 거울 자체를 촬영해 보세요.

이때 다양한 자세를 연습해 보세요. 얼굴을 한쪽 또는 다른 쪽으로 살짝 돌려 보고, 왼쪽과 오른쪽 면을 보여 주고, 턱을 조금 더 올리거나 내리거나, 떠오르는 모든 포즈를 시도해 보세요!

이렇게 찍은 사진들을 다른 사람에게 보여 줄 필요가 없다는 것을 기억하세요. 당신이 찍는 사진들은 당신을 위한 것이고, 어떤 모습이 당신에게 더 편안한지 발견하기 위한 것일 뿐이기 때문입니다.

얼굴의 한 부분을 잘 보이게 찍어 보고, 그 부분에 대해 스스로 어떻게 느끼는지 분석해 보세요.

중요한 것은 사진을 보고 처음 드는 감정입니다.

'오, 이 사진 괜찮네.' 또는 '윽, 이건 당장 지워야지.' 같은 즉각적인 반응 말이에요. 처음엔 그렇게 반응하더라도 다시 냉정하게 보는 것이 필요합니다. 특히 외모 때문에 걱정이 많고 스트레스를 받는 경우라면요.

여러 상황에서 다양한 사진을 많이 찍어 보세요. 그리고 가장 마음에 드는 사진을 선택하세요.

그 사진들 사이에서 공통점이 보이나요? 당신의 얼굴이 전반적으로 마음에 드나요, 특정한 부분이 마음에 드나요?

축하합니다! 드디어 당신에게 잘 맞는 프로필 사진을 찾아냈군요!

이제 당신에게 어울리는 포즈를 취할 수 있고
더욱 매력적으로 보이게 할 수 있을 거예요.
당신을 기분 좋게 만들 것입니다.
바로 그것이 당신에게 자신감을 줄 거예요!

앞서 말했듯이, 사진을 찍을 때는 카메라의 높이와 각도가 매우 중요합니다. 사람마다 유리하게 작용하는 특정한 각도가 있습니다. 우리가 각자 장점을 가지고 있는 것처럼, 우리가 더 편안하게 느끼고 우리를 더 나아 보이게 하는 카메라 각도가 있기 마련입니다.

우리는 가장 좋아하는 각도를 찾을 때까지 많은 시도를 하면서 각도를 조절하는 방법을 배울 수 있어요.

그건 당신에게 맞는 각도여야 합니다. 당신의 가장 친한 친구에게는 잘 적용되는 각도가 당신에게는 작동하지 않을 수 있어요. 남자 친구 눈에 예뻐 보이는 사진이 당신 눈에는 예뻐 보이지 않을 수 있습니다.

좋아하는 카메라 각도를 찾기 위해서는 카메라 렌즈를 눈이라고 생각하는 것이 좋습니다. 사람을 볼 때 우리는 항상 눈높이에서 봅니다. 상대방이 키가 더 크면 위를 보고, 키가 더 작으면 아래를 봅니다. 하지만 우리의 시선은 변하지 않습니다. 카메라도 똑같습니다. 그저 렌즈를 통해서 본다는 게 다를 뿐이죠.

카메라의 높이가 눈보다 높을 때 사진이 더 잘 나오는 사람들이 있고, 반대로 카메라가 아래에 있을 때 더 잘 나오는 사람들이 있습니다. 직접 시도해 보고 어떤 방식이 더 좋은지 알아보세요!

물론 카메라 각도는 얼굴뿐만 아니라 몸에도 영향을 미칩니다. 카메라의 각도에 따라 우리 몸이 어떻게 보이는지를 매우 쉽게 바꿀 수 있습니다. 예를 들어 위에서 아래로 찍은 사진은 항상 얼굴이 강조되어 보이고 몸이 덜 보일 겁니다.

반대로 아주 낮은 곳, 바닥에 납작 엎드려 촬영한 사진은 상대의 몸이 강조되어 보일 것이고, 그 몸은 훨씬 더 길어 보일 겁니다. 이것은 사진에서 키가 더 커 보이도록 사용하는 요령입니다!

이와 같은 극단적인 각도는 사진 속 모델을 키가 아주 큰 사람처럼 보이게 만들고, 그 사람이 높은 곳에서 아래를 내려다보며 금방이라도 우리를 밟아 버릴 것 같은 인상을 주게 됩니다.

사진을 찍을 때, 카메라 각도 말고도 흔히 사용되는 신체적인 속임수가 있습니다. 세상에서 가장 간단한 방법은 양볼을 안쪽으로 빨아들여 뺨이 쏙 들어가 보이게 하는 겁니다. 우리의 얼굴이 더 갸름하거나 광대뼈가 두드러진 것처럼 보이게 하죠. 그러나 이것은 매우 눈에 띄는 방법이기 때문에 추천하지 않습니다.

실패하지 않는 또 다른 방법은 혀를 입천장 꼭대기에 닿게 하고 힘을 약간 주는 겁니다. 이렇게 하면 당신의 턱선을 조금 더 돋보이게 만들 수 있습니다. 당신이 그렇게 보이고 싶다면요.

어떤 사람들은 사진을 찍을 때 이를 꽉 깨물기도 하는데 이렇게 하면 턱선이 더 선명해질 수 있지만, 너무 억지스러워서 당신의 얼굴이 평소와 다르다는 사실이 드러나기 쉽습니다. 모델, 배우, 가수 들은 이 방법을 사용한답니다.

그렇다면 사진 찍을 때 미소를 짓는 것은 어떨까요?

"김치"라고 말하면 자연스럽게 미소가 나오나요?

그게 어렵다면 당신만 그런 게 아니라는 걸 알아야 합니다. 저도 마찬가지거든요. 사진 찍을 때 미소짓는 게 잘 안 됩니다! 억지로 웃는 게 아니라 치아를 활짝 드러내며 자연스럽게 미소짓는 방법을 잘 모르겠어요! 정말 끔찍해요!

하지만 사람들은 미소로 많은 것을 전달합니다. 그 미소가 자연스러운 것이고, 행복한 감정이 진심이라면 말입니다. 한 번 더 말하자면, 못생긴 미소는 없습니다. 당신이 웃는 얼굴이 마음에 들지 않더라도 그것을 받아들이는 것이 중요합니다.

미소는 당신이 주변 사람들과 나누고 싶은 행복과 기쁨의 신호입니다. 그게 우리가 미소 짓는 이유죠. 우리는 미소 자체와 미소가 전달하는 의미를 중요하게 여겨야 합니다.

사진이 잘 나오게 하려고 애써 미소를 지을 필요는 없습니다. 행복을 전달하기 위해서도 마찬가지입니다. 당신의 시선과 표정은 당신을 대신해서 말할 것입니다.

그것들은 말이 아닌 언어의 일부이기 때문입니다.

귀에서 귀까지 미소를 짓고 있지 않더라도 당신 눈의 반짝임으로 당신이 공감하고 있다는 것을 보여 주고, 카메라를 바라보는 눈빛을 통해 당신이 차분하고 편안하다는 것을 나타낼 수 있습니다.

　당신이 사진에서 긍정적인 느낌을 전달할 수 있는 가장 간단하고 중요한 방법은, 사진을 찍을 때 편안해지는 겁니다. 그렇기 때문에 많은 연습이 필요하다고 말하는 거예요. 사진 촬영에서 포즈를 취하는 것은 훈련이 필요한 기술이며, 연습을 많이 하면 할수록 숙련되니까요.

　당신에게 어울리는 카메라 각도를 찾고 카메라 앞에서 여유 갖는 법을 배우면, 사진 찍기를 꺼리는 것보다 이게 훨씬 더 유리하다는 것을 알게 될 겁니다.

　프로필 사진을 찍을 때 좋은 감정을 갖도록 노력하고, 그 순간을 좋은 생각과 연관시키려고 노력해 보세요. 무의식적으로도 그 감정이 표정과 몸짓을 통해서 전달될 것입니다. 사진은 물론 실제의 삶에서도요!

사진 찍기의 마지막 꿀팁:
무엇을 해도 사진이 잘 나오지 않고,
평소 모습이나 마음에 드는 모습이 나오지 않는다면
잠시 촬영을 멈춰 보세요!

이제 얼굴 근육부터 풀어 주세요. 야수가 된 것처럼 근육을 크게 크게 움직여 보세요! 입과 턱을 있는 대로 크게 벌리고, 눈을 크게 뜨고, 눈썹을 한껏 치켜 올리세요.

잠시 동안 당신이 할 수 있는 모든 방법으로 얼굴 근육을 마구 움직이세요!

그런 다음 다시 포즈를 취해 보세요!

당신의 얼굴이 아까와 다르게 보일 거예요. 얼굴이 더 이완되었기 때문입니다. 등이 아플 때 꾹꾹 눌러서 풀어 주면 나아지는 것과 비슷합니다!

거짓말을 눈치채는 법

○○○

    누군가가 당신에게 거짓말을 하는지 백 퍼센트 확신할 수 있는 몸짓이나 표정은 없습니다. 하지만 말이 아닌 의사소통에는 일종의 패턴이 있어요.

    그 사람이 완전히 진실하지 않고, 무언가를 숨기고 있거나, 혹은 과장하고 있음을 의미하는 패턴 말입니다.

    이것은 우리가 특정한 동작과 반응을 통해 거짓말에 대처할 수 있고, 거짓말하는 사람을 잡아낼 수 있다는 것을 의미합니다!

    당신이 신중하게 분석해야 할 몇 가지 도구들을 소개하려고 합니다. 단순히 불성실해서 나오는 행동일 수도 있지만 다른 의미가 있을 수도 있거든요. 예컨대 긴장이나 두려움, 자신감 부족, 자폐 스펙트럼 등등이요.

이것들은 거짓말 탐색에 도움이 될 뿐 결코 확정적인 것은 아닙니다!

제가 이걸 설명하는 이유는 당신이 상대의 거짓말에 대비할 수 있도록 하기 위해서지만, 누군가 신경질적으로 목덜미를 긁는다고 해서 그 사람이 거짓말을 하고 있다고 비난하지 않도록 조심해야 합니다. 그게 모기한테 물렸기 때문일 수도 있으니까요!

①
자꾸 목을 만지는 행동

뚜렷한 이유 없이 자꾸 목을 만지는 것은 긴장이나 불안감 또는 두려움 때문일 수 있습니다. 우리가 거짓말을 할 때, 그것을 들킬 것 같다는 생각보다 더 무서운 게 있을까요?

다만 이런 행동이 거짓말을 하고 있다는 완벽한 증거는 아니라는 점을 기억합시다! 상대가 당신을 좋아해서 또는 오늘 취업 면접이 있어서 긴장한 것일 수도 있습니다.

하지만 누군가가 목을 만질 때, 목구멍 바로 아래 흉골상절흔이라 불리는 V자 모양의 오목하게 팬 홈을 만진다면 그 사람은 거짓말을 하고 있을 가능성이 높습니다!

만약 넥타이를 매고 있다면, 거짓말을 하고 있다는 압박감으로 인해 얼굴과 목의 피부가 무의식적으로 가렵거나 따끔거려서 너무나 긁고 싶어지기 때문에 넥타이를 조이거나 풀면서 그것을 숨기려고 할 수 있습니다.

우리가 자기도 모르게 하는 또 다른 행동은 셔츠나 스웨터의 옷깃을 만지거나 당기는 것입니다. 마치 숨이 막히거나 너무 더운 것처럼 보이게 말이죠. 그런데 정작 왜 자신이 그런 행동을 하는지 이유를 모르는 경우가 많습니다!

딱 잘라 말할 수는 없지만 이러한 행동은 분노나 좌절감 같은 감정 때문일 수 있습니다. 거짓말이 들통났을 때 드러나는 반응이기도 하고요.

2
팔다리의 움직임

편안하고 확신이 있을 때 우리는 다리를 벌리고 팔을 쭉 뻗는 경향이 있다는 것을 앞에서 살펴보았습니다.

불편함, 긴장감, 불안에 갇힌 느낌을 느끼면 다르게 움직일 겁니다. 조금 더 집중하는 듯한 움직임을 하게 될 거예요. 얼굴, 귀 또는 목덜미를 만질 것이고, 팔과 다리를 굽혀서 닫은 상태를 유지할 겁니다. 전반적으로 더 경직되고 움직임이 없습니다.

이 모든 것은 다른 사람에게 나에 대한 정보를 주고 싶지 않다는 일종의 신호일 수 있습니다. 짜증나게 하는 사람에게 인스타그램 팔로우를 요청받은 경우일 수도 있고, 아니면 뻔뻔하게 거짓말을 하는 경우일 수도 있습니다.

이러한 거리 두기의 신호는 매우 미묘한데, 앉아 있는 경우에는 더욱 그렇습니다. 예를 들어, 의자가 불편해서 그렇다고 핑계 댈 수 있습니다.

중요한 건 몸의 자세와 입으로 나오는 말이 일치하는지, 모순되는지 살펴보는 겁니다. 그래야 무언가가 엇갈리는 순간을 포착할 수 있습니다!

3
놀라는 척 하기

이것은 무슨 뜻일까요? 누구나 충격적인 정보나 새로운 상황에 놀랄 수 있지만, 이 반응을 주의 깊게 살피는 것이 중요합니다. 이미 그 정보를 알고 있어서 놀라지 않았지만, 일부러 놀란 척하는 것일지도 모르니까요.

그렇다면 놀라는 반응이 거짓인지 아닌지 어떻게 식별할 수 있을까요? 그건 어렵지 않아요. 얼굴에 드러나는 표정이 지속되는 시간을 보면 알 수 있기 때문이죠.

놀람은 빠르고 순간적인 반응입니다. 눈썹이 올라가고 눈과 입이 벌어지지만 이런 동작이 1초 이상 지속되지는 않아요. 이보다 훨씬 더 길게 지속된다면 놀라는 척 하는 게 아닌지 의심이 들기 시작합니다!

4
눈 비비기

싫어하는 것에 대한 본능적인 반응 중 하나는 눈을 가리거나 시선을 돌리는 것입니다. 거짓말해야 하는 긴장된 상황에서도 마찬가지입니다.

화장을 해서 눈을 세게 문지를 수 없는 사람들이나 몸의 표현이 섬세한 사람들은 눈을 가볍게 어루만지는 경향이 있습니다. 거짓말에 대한 압박이 너무 커서 견디기 어려운 경우에는 눈을 엄청 세게 비비거나 아예 시선을 돌리기도 합니다.

거짓말하는 것에 대한 압박은 눈을 자주 깜빡이게 만듭니다. 우리는 평균적으로 분당 6~8회 정도 눈을 깜빡이는데

이보다 더 자주 깜빡일 수 있습니다. 하지만 피로, 졸림 또는 컴퓨터 화면으로 인해 건포도보다 눈이 더 건조해졌기 때문일 수도 있으니 잘 살펴봐야 해요!

5
코 만지기

거짓말을 하면 카테콜아민이라고 불리는 화학물질이 분비됩니다. 이는 코의 내부 조직을 부어오르게 하고 가려움증을 유발하여 거기에 손을 가져다 대게 만듭니다.

코의 어느 부분을 만지느냐에 따라 이유를 부여하는 사람들도 있습니다. 가령 코 아래쪽을 만지면 경멸이나 혐오감을 나타내고, 옆면을 만지는 건 누군가의 외모나 이미지와 관련 있을 것이며, 앞부분을 만지는 것은 호기심이나 흥미와 관련이 있다는 겁니다.

누군가가 갑자기 콧구멍을 부풀린다면 분노의 표현으로

보는 경향이 있습니다. 코를 찡그리면 불쾌감이나 혐오감을 드러내는 거죠.

6
엄지손가락 숨기기

엄지손가락을 집어넣고 주먹을 쥔다면, 자신이 알고 있는 모든 것을 알리고 싶지 않다거나, 정보를 노출하고 공개하는 것에 대해 전반적으로 불편함을 느낀다는 의미일 수 있습니다.

상대방이 진실을 말하고 있다고 맹세하거나 세부 정보를 제공할 때, 그의 엄지손가락이 보이는지 주의 깊게 살펴보는 것이 좋습니다.

만약 엄지가 감춰져 있다면 약속을 잘 이행하지 않는 것을 의미할 수도 있습니다! 대체로 이것은 일이나 상황에 대해 닫혀 있다는 신호입니다. 입으로 말하는 것과 행동이 일치하지 않으면 뭔가 문제가 있다는 것입니다.

7
시선 피하기

시선이 얼마나 중요한지, 올바른 기준으로 시선을 유지하는 것이 얼마나 중요한지에 대해 이미 셀 수 없이 이야기했습니다. 시선을 피하는 건 종종 불성실한 몸짓으로 해석되기 때문입니다. 왜냐고요?

거짓말하는 사람의 시선은 정직한 사람의 시선보다 훨씬 더 회피적인 경향이 있습니다. 이는 자신이 속이고 있는 사람의 눈을 무의식적으로 피하려는 판단 때문입니다.

거짓말을 할 때 우리의 시선은 정처 없이 방황하며, 상대방의 시선을 피하려고 하고, 들키지 않으려고 노력할 것입니다.

주의할 점은 거짓말을 하든 하지 않든, 남들보다 훨씬 더 쉽고 편안하게 다른 사람과 눈을 마주치는 사람들이 있다는 사실입니다.

시선은 고려해야 할 단서이지만, 확신의 증거는 아닙니다.

8
감춰진 입술

당신의 대화 상대자가 계속 입술을 안쪽으로 숨겨서 거의 보이지 않게 하고 입술이 하나의 주름처럼 보이게 한다면, 의식적이든 아니든 하고 싶은 말이나 해야 할 말들을 억누르고 있는 것일 수 있습니다.

입술을 깨물거나 입술의 작은 표피 조각을 뜯어 내는 등의 행동을 한다면 긴장감 때문일 수 있습니다.

이러한 행동은 여러 이유로 인해 발생할 수 있을 겁니다. 우리에게 중요한 것은 그 사람이 자신의 진심을 숨기고 있거나 어떤 측면에서 솔직하지 않을 수 있다는 점입니다.

9
억지 미소

앞에서 미소의 중요성, 즉 진심 어린 미소에 대해 이야기 했습니다. 진정한 미소에서 흔히 나타나는 특징은 눈가와 입가에 주름이 잡히는 겁니다. 우리가 진짜 미소를 지으려면 무려 열일곱 개나 되는 얼굴 근육을 사용하기 때문입니다.

이 근육들을 사용하지 않고 입만 살짝 벌리는 것에 그친다면, 그것은 진짜 미소가 아니라 억지 미소라는 의미일 수 있습니다. 누군가 거짓으로 당신을 설득하려는 것이겠죠!

거울 앞에서 테스트를 해 보세요. 입을 가리고 미소를 지어 보세요. 먼저 입만 움직여서 미소를 지어 보고, 그다음에는 얼굴 전체로 미소를 지어 보세요.

차이가 있지 않나요?

이것은 팬데믹 기간 동안 많이 느꼈던 부분입니다. 마스크를 쓰고 있으면 입이 보이지 않기 때문에 우리는 미소가 눈까지 전달되도록 신경을 썼습니다!

10
붉어지는 얼굴

남들보다 훨씬 더 쉽게 얼굴이 붉어지는 사람들이 있습니다. 이것은 손을 움직이거나 미소 짓는 것과는 달리 우리가 제어할 수 없는 반응입니다. 위험 상황에서 교감신경계가 나타내는 비자발적인 반응이니까요. (의학적으로 우리가 제어하지 못하는 잠재 의식을 의미합니다.)

우리의 혈관으로 아드레날린이 들어가면 얼굴이 붉어집니다. 이것은 당신이 사랑에 빠졌기 때문일 수도 있고, 방금 한 거짓말이 들킬 수 있다는 위험 때문일 수 있습니다!

11
고개를 가로젓기

말이 아닌 몸짓이나 표정과 입으로 전해지는 말은 일관성을 추구해야 한다고 여러 번 말했습니다.

누군가 우리에게 입으로는 긍정적인 이야기를 하면서 자기도 모르게 계속해서 고개를 가로젓는다면, 그것은 진실이 드러나는 순간입니다!

진실과 거짓말 사이의 불일치는 무의식적으로 머리를 절레절레 흔들며 부정하게 만들어서 방금 입으로 뱉은 말이 사실이 아님을 나타냅니다.

12
강처럼 흐르는 땀

이것은 좋든 나쁘든 우리가 제어할 수 없는 또 다른 무의식적인 반응입니다.

누구도 마법처럼 버튼을 눌러 땀을 멈출 수 없고, 원하는 순간에 땀을 흘리기 시작할 수 없습니다.

우리는 엄청난 더위나 공격으로부터 도망칠 때와 같은 상황에서 몸의 열기를 식히기 위해 땀을 흘립니다. 이는 스트레스를 많이 받는 순간에도 그렇습니다.

이미 말했듯이 거짓말을 하는 것은 꽤 스트레스를 줍니다. 당신이 잔인하거나 무감각한 사람이 아니고, 들키거나 말거나 그 결과에 대해 신경 쓰지 않는 게 아니라면요.

날씨가 더운 것도 아니고, 다른 이유로 긴장되는 순간도 아닌데, 대화 상대방의 얼굴이 갑자기 땀으로 범벅되기 시작한다면⋯⋯

뭔가 문제가 있다는 거예요!

일반적으로 이러한 문제는 사람마다 다 다르게 나타날 것입니다. 우리가 모두 다 다르다는 점을 기억해야 해요.

사람들은 스트레스를 받거나 긴장되고 초조한 상황 앞에서 각기 다른 특정한 방식으로 행동합니다.

거짓말을 눈치채는 가장 좋은 방법은 당신 앞에 있는 사람을 잘 아는 겁니다. 이미 그 사람이 평소 어떻게 행동하는지 알고 있다면 그 행동이 언제 바뀌는지 쉽게 알 수 있고, 상대방의 패턴을 파악할 수 있으니까요.

낯선 사람이나 그다지 친밀하지 않은 사람의 경우는 훨씬 어려울 거예요. 그 사람은 당신뿐만 아니라 모든 사람의 눈을 바라보는 것이 어려울 수 있기 때문입니다!

이건 지금까지 이 책에서 다룬, 말이 아닌 언어에 해당됩니다. 당신만의 언어를 찾고, 만들어 가세요.

단순히 여기에 나온 내용을 따라 하는 것에 머물지 말고요.

다른 사람과 똑같이 말하는 사람은 아무도 없습니다.
마찬가지로 우리는 모두 똑같이 움직이지도 않고,
똑같이 표현하지 않습니다!
당신 자신이 되세요.
그게 가장 중요합니다. 앞을 보고 나아가세요!

감사의 말 :)

이 책에 대해 누구에게 감사해야 할지 생각해 보니 제 책을 읽어 준 여러분이 가장 먼저 떠오르네요.

여러분 한 분 한 분, 사랑하는 팔로워들, 구독자님들 그리고 친구 여러분 모두 감사합니다. 여러 해 동안 여러분이 저의 모험과 영상에 함께해 주었습니다.

저를 팔로우한 기간이 길든 짧든, 여러분은 제 자신이 매우 특별하다고 느끼게 해 주었습니다. 여러분이 없었다면 이 모든 것은 불가능했을 겁니다. 여러분이 바로 제가 매일 아침 일어나는 주요 원동력이었다는 점을 꼭 알아주었으면 합니다.

매일 응원해 주고, 댓글을 달아 주고, '좋아요'를 눌러 주고, 하루 중 얼마 간의 시간을 제 영상을 보며 함께 즐거워해 주셔서 감사합니다. 이보다 더 저를 행복하게 해 주는 건 없을 겁니다!

여러분을 만나고 싶네요. 네, 바로 당신이요.

지금 이 책을 읽고 있는 당신을 너무 만나고 싶은 제 마음을 알아주길 바랍니다. 당신이 다른 책이 아닌, 이 책을 선택했다는 사실 자체가 이미 저에게 매우 특별한 것이니까요.

글을 마치기 전에 제 삶의 버팀목이 되어 준 분들에게 감사의 말을 전하고 싶습니다. 저의 어머니, 아버지 그리고 두 여동생은 수년간 저를 지지해 주고 있습니다. 그들 없이는 오늘의 제가 될 수 없었을 것입니다.

제 인생의 동료들과 친구들에게도 감사하고 싶습니다. 그들이 없는 삶은 매우 지루할 것입니다.

마지막으로 여러분에게 이 말을 전하고 싶습니다.

누군가 여러분이 꾸는 꿈을 두고 아무 의미 없다고 말하고, 그것을 절대 이룰 수 없을 거라고 말한다면 절대 용납하지 마십시오.

오직 여러분만이 여러분이 나아가는 길의 주인이며, 여러분이 원하는 대로 그 길을 개척할 수 있습니다. 공부하고, 자신을 훈련하고, 세상에서 유일한 사람이 되어 보세요.

자신의 말에 귀를 기울이고, 자신을 알고, 자신의 꿈을 위해 싸우십시오. 이렇게 하면 여러분의 삶을 훨씬 더 즐길 수 있을 겁니다.

저를 믿으세요, 여러분. 여러분이 충분한 열정으로 싸운다면, 모든 것이 어떤 식으로든 이루어집니다.

꼭 최고가 될 필요는 없어요. 정말 중요한 것은 바로 여러분이 바로 여러분이라는 사실입니다.

놀랍게도 여러분은 이미 여러분 자신입니다!

이제는 여러분의 모든 재능을 끌어올리기만 하면 됩니다.

실망하고, 넘어지고, 실수할 수 있어요.

그래도 됩니다. 괜찮아요.

하지만 항상 다시 일어나야 합니다.

그리고 기억하세요. 다른 사람들이 해낸 일이라면 당신이 못할 이유가 없잖아요?

만약 아직 누구도 하지 못한 일이라면 당신이 그 일을 해낸 첫 번째 사람이 될 수 있잖아요?

여러분에게 진심 어린 응원을 보냅니다.

제가 이 책을 쓰면서 즐거웠던 것처럼 여러분도 이 책을 읽으면서 즐거움을 느끼면 좋겠어요.

이 책은 "난 마이크를 팔로우해요!"라고 말하는 여러분을 위한 것이니까요!

눈치로 알 수 있는 세계

1판 1쇄 발행 2025년 4월 25일
글 마이크 파하르도 ㅣ **옮긴이** 최유정
펴낸이 김상일 ㅣ **펴낸곳** 도서출판 키다리
편집주간 위정은 ㅣ **편집** 이신아 ㅣ **디자인** 이기쁨 ㅣ **마케팅** 윤재영, 장현아 ㅣ **관리** 김영숙
출판등록 2004년 11월 3일 제406-2010-000095호
제조국 대한민국 ㅣ **사용연령** 10세 이상
주소 경기도 파주시 심학산로 10
전화 031-955-9860(대표), 031-955-9861(편집) ㅣ **팩스** 031-624-1601
이메일 kidaribook@naver.com ㅣ **홈페이지** www.kidaribook.kr
ISBN 979-11-5785-738-8 (43190)